Es gibt sie in dick und dünn, in alt und jung, in männlich und weiblich, in arm und reich. Sie kommen in den besten und in den schlechtesten Familien vor, in der Stadt und auf dem Land: Menschen, die partout keine Liebe finden, so sehr sie sich bemühen. Die auch als Erwachsene noch nie etwas hatten. Wolfram Huke war einer von ihnen. Noch nie Sex, noch nie geknutscht, noch nie Händchen gehalten – und das mit 30! Als er anfängt, sich in aller Öffentlichkeit zu outen und sogar mit Fremden darüber zu sprechen, stellt er fest: Allein ist er damit keineswegs, so ziemlich jeder kennt jemanden, dem es so geht. Wolfram verrät, wo er bei Frauen immer falsch abgebogen ist, was von den Versprechen der Dating- und Partnerindustrie zu halten ist – und wie er am Ende doch noch sein Glück (und die Liebe) findet.

Ein Buch nicht nur für Love Aliens, sondern für jeden, der sich mal gefragt hat, ob das mit der Liebe eigentlich noch was werden kann …

Wolfram Huke, Jahrgang 1981, ist Journalist und Filmemacher. Sein preisgekrönter Dokumentarfilm »Love Alien« lief in Kino und Fernsehen. Wolfram Huke hat in München Philosophie und Filmregie studiert, lebt in Leipzig und ist dem Swingtanzen verfallen.

Weitere Informationen erhalten Sie unter
www.fischerverlage.de

WOLFRAM HUKE

LOVE ALIEN

WARUM ICH ERST MIT 31 SEX HATTE …

UND DAS MIT DER LIEBE SO VERDAMMT KOMPLIZIERT IST

FISCHER Taschenbuch

MIX
Papier aus verantwortungsvollen Quellen
FSC® C083411
www.fsc.org

Originalausgabe

Erschienen bei FISCHER Taschenbuch
Frankfurt am Main, November 2016

Satz: Pinkuin Satz und Datentechnik, Berlin
Druck und Bindung: CPI books GmbH, Leck
Printed in Germany
ISBN 978-3-596-03486-4

INHALT

Meinen Eltern, für ihre Geduld.

DIE EILIGE CAROLINE UND DAS ÜBERZOGENE LIEBESKONTO

Gerade bin ich aus dem Kino heimgekommen. Ich habe die Wohnungstür hinter mir zugeschubst, als könnte sie was dafür, und stehe nun inmitten meiner 28 Quadratmeter Einzimmerbude, auf halber Strecke zwischen Hochbett STORÅ und Regal BILLY, noch in voller Ausgehmontur, in graugrüner Outdoorjacke und blauem Kapuzenpullover über meiner besten Cargohose. Der Fachausdruck dafür heißt wohl »dumm rumstehen«. Duster ist es im Zimmer, Licht habe ich nicht angeschaltet, wer weiß – vielleicht helfen ein paar Minuten Dunkelheit. Am liebsten möchte ich mich vor mir verstecken. So, wie das kleine Kinder tun: Hand vor die Augen halten und einfach nicht mehr da sein. Was allerdings partout nicht klappen will. Das könnte schon daran liegen, dass es in meiner Wohnung sowieso nie richtig dunkel wird, dank einer brüllend hellen Straßenlaterne vorm Fenster. Aber das ist es nicht. Ich bin nur einfach kein Kind mehr.

Ohrfeigen könnte ich mich. Was für ein Esel bin ich wieder gewesen!

Eigentlich sollte ich noch gar nicht wieder da sein. Ich bin doch nicht ins Kino gegangen, um einen Film anzuschauen. Nun weiß ich nicht, wohin mit mir. Bis eben, vor 20 Minuten, habe ich durchaus noch gewusst, wohin.

Oder besser, mit wem, wohin wäre mir sogar egal gewesen, überallhin, bloß nicht alleine! Doch dann ist mir meine Kinobegleitung abhandengekommen. Jetzt schaue ich aus dem Fenster, als gäbe es dort was zu sehen, schaue über Balkon und Schellingstraße hinweg auf die Tiefgarageneinfahrt des bayerischen Familienministeriums, die abendöde und trostlos die Straßenseite gegenüber einnimmt. Der Beton dort wird von der Straßenlampe im gleichen Orange angemalt wie mein Zimmer, er strahlt dabei etwas Verlässliches, Konkretes aus – heißt auf Englisch wohl nicht umsonst »concrete«. Ist immer noch genau derselbe wie vor ein paar Stunden, als ich mich von hier ins Kino aufgemacht hatte, mit Schmetterlingen und Mutbier im Bauch. Ich bin nicht mehr derselbe. Jetzt kommt er mir auch eher hart und trist vor, wie mein Schicksal des Abends. Muss ich erst mal verdauen. Das Schicksal, nicht den Beton.

Dabei hatte der Abend so vielversprechend angefangen: zweites Date! Damit war nach dem ersten gar nicht mehr zu rechnen gewesen. Über eine Woche war das erste her, und es gilt angeblich dieses Gesetz: Wenn du nach drei Tagen nichts von ihr hörst, dann hörst du nie wieder was. Klar hab ich ihr nach dem ersten Date geschrieben. Aber zu früh darfst du auch wieder nicht schreiben, weil das so aussieht, als wärst du verzweifelt auf der Suche. Und das ist so ziemlich das Schlimmste, wonach du aussehen kannst.

Erstes Date. Da hatten wir uns drei Stunden lang in einem Café gegenübergesessen, das mit seinen rohen Wänden im Zwielicht wie eine Höhle aussah. Der Schick des Schäbigen, mit uns als Höhlenbewohnern mittendrin, beim Kennenlernen frontal. Dass wir damit gleich mal Dating-Grundgesetz Nummer zwei brachen, war mir da noch nicht bewusst: Meide Café oder Kneipe für den zweisamen Erstkontakt. Schließlich hast du keine Ahnung, ob ihr euch überhaupt was zu sagen habt, und wenn ja, wie viel? Wenn du Pech hast, fangt ihr schon nach dem Was-machst-du-so-was-mache-ich-so an, nach Themen zu stochern. Und dann gibt es schnell diese hässlichen Pausen, in denen jeder mit Verlegenheitsgrinsen die Wände absucht und dabei sein Getränk festhält, als könnte es weglaufen. Und ist es erst mal so weit gekommen, dann wird das meist den ganzen Abend nicht mehr besser.

Wir hatten uns übers Internet verabredet, und es kam genau so, es wurde nicht mehr besser. Anfangs litt unser Tisch noch unter akuter Beinlängendifferenz, er kippelte. Ich musste notoperieren, indem ich Bierdeckel unters verkürzte Tischbein stapelte. Fortan saßen wir stabil und tranken Bier, das nach Spülwasser schmeckte, aber welches Münchner Bier tut das nicht. Zwischen uns stand eine einzelne weiße Blume, ich kann nicht sagen was für eine, mit Blumen habe ich mich noch nie ausgekannt; sie stand in einer Vase, die verdächtig nach Reagenzkolben aus dem Chemieunterricht aussah. So ein vasenförmiges Glasding, das nach unten hin breiter wird. Folgerichtig hatten wir auch beide unsere Hände vor uns hingelegt wie auf eine Schulbank.

Schöne Hände hatte sie, zarte, die Fingernägel in Zartrosa lackiert. Ob ich diese Hände mal berühren würde? Wie gern hätte ich sie berührt, gleich jetzt! Doch wie weit waren sie weg von meinen eigenen, dort drüben auf ihrer Seite der Kneipenschulbank. Und nicht nur unsere Hände blieben sich fern, auch sonst kam es im Ganzen zu wenig Annäherung. Wir verhielten uns beide nervös wie Achtklässler beim Gedichtaufsagen und redeten vor Aufregung dünnes Zeug. Und wir fanden nicht den Mut zuzugeben, was für eine blöde, verkrampfte Situation das war, einfach drüber zu lachen und so diese ganze Situation wegzulachen – das kriegten wir nicht hin. Es blieb dünn, was wir redeten. Ich mühte mich um Witze, sie lächelte höflich. Zum Abschied hauchten wir uns eine Umarmung auf die Wangen. Na denn, war doch ganz schön, bis bald hoffentlich, meld dich mal!

Drei Tage vergingen.

Dann schrieb ich ihr, aber sie schrieb nicht zurück. Alles klar, dachte ich. Gestern dann, am sechsten Tag, doch eine SMS: Ob ich mit ihr ins Kino wolle?

Zweites Date also. Sie heißt übrigens Caroline, mit dreimal bayerisch gerolltem Zungen-R. Vor dem Kino trinken wir uns mit Wodka warm, wir hocken in einer Bar auf Sitzwürfeln, die fortlaufend ihre Farbe wechseln. Von Rot zu Orange zu Gelb zu Grün zu Rot. Auch Caroline leuchtet, sie trägt roten Lippenstift, ihr weißblondes Haar verfängt sich im Kaninchenfellimitat ihrer Kapuze, unsere Jacken haben wir anbehalten. Caroline spricht in höchsten Tönen. Anders gesagt, sie hat eine sehr hohe Stimmlage. Beinahe so hoch wie der Preis unseres Wodkas, aber ich zahle selbstverständlich tapfer für uns beide, wie sich das gehört.

Mein Freund Martin hatte mal eine Freundin, zum Glück habe ich sie nur einmal gesehen, die dermaßen piepste, dass ich Martin insgeheim für seine akustische Geduld bewunderte. Mit so einer Frau würde ich es kaum länger als fünf Minuten aushalten!, dachte ich damals.

Carolines Stimme ist Engelsgesang für mich, ihr könnte ich tagelang zuhören.

Den Film hat sie mich aussuchen lassen. Irgendwas Belangloses mit Clive Owen in der Hauptrolle. Von dem, was auf der Leinwand passiert, kriege ich kaum etwas mit. Selbst Clive Owen scheint zu spielen, als sei ihm völlig klar, dass seinetwegen ohnehin keiner ins Kino gekommen ist. Auch wenn ich pro forma meine Augen geradeaus habe, richten sich meine ganzen 45 Watt Aufmerksamkeit doch auf den Sitz rechts neben mir. Endlich darf ich ihr näher sein, ihre Hände in Berührungsnähe. Wie sie duftet! Unsere Arme ruhen nebeneinander auf der unseligen Plüscharmlehne, die uns noch trennt, fast berühren sie sich, aber eben nur fast, schon meine ich die Wärme ihrer Haut zu spüren, und mikrometerweise rücke ich meinen Arm näher an ihren. Als der Film anfängt, sitzt Caroline noch still wie eine Schaufensterpuppe. Sollte sie ernsthaft in den Film vertieft sein? Später, so ab der zweiten Hälfte, fängt sie an, in ihrem Kinosessel herumzurutschen. Ich bin völlig damit ausgelastet, mich fast zu trauen. Darf ich, oder darf ich nicht? Jetzt vielleicht? Hat sie da etwa gerade ihren Arm näher an meinen gerückt?

Auch der längste Knutschvorwandsfilm geht mal zu Ende. Ich habe mich nicht getraut. Das Paar links von uns kommt während des Abspanns nicht mehr voneinander los, sind das noch Küsse oder schon Laute des Erstickens? Als das Licht wieder angeht, linse ich hinüber zu Caroline. Was ist das in ihrem Blick, Enttäuschung? Ich überspiele meine eigene mit Fröhlichkeit, der Abend ist immerhin noch nicht vorbei, die Schlacht nicht verloren, lange noch nicht! Meine Hoffnung setze ich auf das obligatorische Nach-Kino-Bier. Aber dazu soll es nicht mehr kommen. Draußen hat Caroline es plötzlich furchtbar eilig und überhaupt keinen Bierdurst mehr, und sie verschwindet nach einer Flüchtigkeitsumarmung wie ein schöner Wunsch auf der Rolltreppe hinab in die U-Bahn unterm Karlsplatz.

Und ich stehe da. Rings um den Platz hocken Raben auf den Dächern, ihr Krächzen klingt wie Hohn – sie lachen mich aus, da bin ich mir ganz sicher. Caroline ist weg. Ich kann nichts tun, als ihrem Parfüm nachschnuppern, bis es sich in der Abendluft und den Abgasen vom Ampelverkehr verliert. Dann stolpere ich irgendwann heim.

Da stehe ich, immer noch im Dunkeln, sicher seit zehn Minuten. Eigentlich mag ich keine Hüte, aber vielleicht sollte ich bei solchen Gelegenheiten anfangen, Hut zu tragen, dann könnte ich den jetzt wenigstens zertrampeln.

Wo liegt das Problem?

Kopf hoch, würde man doch jetzt sagen. Passiert. Jeder kriegt mal einen Korb. Blöd gelaufen, aber doch kein Beinbruch, ein Herzbruch gleich gar nicht. Jeder kennt das, jedem ist das mal passiert, dass er sich nicht getraut hat. Wer weiß, woran es gelegen hat, das sollte man gar nicht persönlich nehmen.

Aber so ist es eben nicht. Für mich ist so ein Korb keine Kleinigkeit, für mich ist der eine Katastrophe der Stärke 5,8 auf der Single-Skala. Und was heißt schon Korb, genau genommen hat Caroline mir nicht mal einen geben müssen – weil ich mich nicht getraut hab. Andersherum könnte man auch sagen, ich hab mir den Korb selber genommen.

Wieder auf halber Strecke liegengeblieben. Wieder genau an der Stelle, wo ich jedes einzige Mal bisher hängengeblieben bin. Es fängt ja ganz gut an, manchmal. Schüchternheit habe ich mir im Grunde nicht vorzuwerfen. Frauen ansprechen, das kriege ich hin, das kann sogar Spaß machen. Erster Schritt – abgehakt. Ich verabrede mich, zweiter Schritt. Sogar flirten kann an einem guten Tag klappen. Allerdings nur, solange es um nichts geht. Dann gibt es immer diesen einen, verflixten Moment, und sobald ich merke, wie der näher kommt, ist es aus. Ich stolpere über die eigenen Ambitionen und klatsche längelang hin. Von einem Augenblick auf den nächsten stülpe ich mich in mein Gegenteil. Statt charmant und unterhaltsam, wie ich gern wäre, bin ich bloß noch schüchtern und schuljungenverzagt.

Dieser Moment, wenn das Interesse erwacht, wenn aus einem Mädchen unter vielen DAS Mädchen wird.

Als hätte ich ab da eine falsche Brille auf, mit zehn Dioptrien zu viel oder zu wenig, jedenfalls bin ich blind und gleich noch taub für alle Arten von Signalen, die mein weibliches Gegenüber aussenden mag, ganz egal ob subtil oder mit dem Holzhammer, ob Blicke, Gesten, Worte. Man könnte mir ein Drehbuch mit meinem Text vorlegen, ich würde den Dialog durcheinanderbringen. Man könnte mir vorsagen, ich würde versagen. Ich würde in Fettnäpfe treten, wo gar keine sind. Und wenn die Frau auf ihrer Schulter eine Annäherungs-Ampel installiert hätte, die mir unmissverständlich in Rot, Gelb und Grün anzeigt, wann was geht: Solange sie grün leuchtet, würde ich todsicher stehenbleiben, weil ich mir selber nicht traue. Ist das wirklich grün? Ist es auch für mich grün? Erst wenn die Ampel endgültig auf Rot geschaltet hat, würde ich Gas geben und über die Kreuzung rauschen und dann natürlich einen kolossalen Blechschaden verursachen, der vor allem mir selber wehtut.

Es stimmt, ein Korb sollte kein Problem sein, aber inzwischen bin ich Korbsammler, und sogar Nichtkörbe wie von Caroline sammle ich fleißig ein und stelle sie in meine Sammlung. Und mit jedem Korb, erst recht mit jedem Nichtkorb wächst die Angst vor dem nächsten, weshalb ich immer öfter einfach nichts mache und in Schockstarre verfalle. Oder mir selber einrede, es lieber von vornherein sein zu lassen. Caroline reiht sich ein in eine lange Reihe von Beinahe-Erfolgen, von blutigen Nasen und entwischten Gelegenheiten, die Reihe zieht sich durch mein Leben wie eine Schlange DDR-Bürger am Bananenstand, wo man ganz hinten nie weiß: Gibt es überhaupt noch Bananen, wenn ich mal dran bin? Und wie die wohl schmecken? Probiert hab ich noch nie eine. Mein Liebeskonto ist nicht auf null, es ist hoffnungslos im Minus, dabei hab ich gar keinen Dispo.

Irgendwann knipse ich das Licht im Zimmer doch an, es hilft ja nichts. Drüben im Familienministerium ist es inzwischen auch hell geworden. Im zweiten Stock, gleich überm Haupteingang, sehe ich eine Putzfrau das Büro staubsaugen. Ich werfe die Jacke auf das Sofa und schlurfe ins Bad, falls der halbe Quadratmeter diese Bezeichnung verdient.

Lange stehe ich dort vorm Spiegel und schaue mich an. Ist doch alles dran an mir. Sehe ich nicht aus wie ein normaler Typ? Trotzdem komme ich mir an solchen Tagen eher vor wie ein Außerirdischer. Als stammte ich nicht von hier, sondern von einem Stern ohne Liebe, als sei ich auf dem Flug zum Milchstraßen-Aldi aus Versehen mit meiner Untertasse gegen die Erde gerumst, und hier stecke ich seitdem fest. Was ist los mit mir, was läuft da schief? Eigentlich hätte mir klar sein müssen, dass Caroline nicht wegen Clive Owen ins Kino geht. Der Kopf hat das auch durchaus gewusst oder mindestens geahnt, aber irgendwie hat diese Erkenntnis dort festgesteckt. Statt mir ein Herz zu fassen und Caroline bei der Hand, habe ich totanalysiert, was sie gesagt und nicht gesagt, gemacht und nicht gemacht hat. Habe alles auf seine Bedeutung abgeklopft, dabei stand die mit Edding auf allem geschrieben. Bis die Ampel von Grün direkt auf Rot umgesprungen ist, und Ampel, Duft, Stimme, Fellkapuze und Caroline auf Nimmerwiedersehen in der U-Bahn verschwunden sind.

VOM NOCHNIE UND VON ALIENS

Wir müssen reden.

Fragt sich bloß, wie. Denn eigentlich redet man darüber nicht. Und wenn doch, dann höchstens hinter vorgehaltener Hand.

»Hast du von dem schon gehört? Stell dir vor, der hat noch nie!«

»Nein, was du nicht sagst! Hab ich mir immer gedacht, dass mit dem was nicht stimmt!«

Es fällt uns schwer, über dieses Thema zu reden. Das könnte schon daran liegen, dass wir nicht mal anständige Begriffe dafür haben. Ich wette, die meisten Menschen haben keinen Schimmer, was ein absoluter Beginner sein soll. Und Hagestolz oder alte Jungfer sind verstaubte Wortklamotten vom Dachboden der Literatur, deren urkundliche Letzterwähnung in die Zeit der beiden Theodors – Storm und Fontane – fallen muss.

Immer noch der beste Begriff, der sich auftreiben lässt, ist die erwachsene Jungfrau. Immerhin weiß da jeder, was Sache ist, oder glaubt, es zu wissen. Trotzdem, ich verwende diesen Ausdruck nicht gern, schon gar nicht in diesem Zusammenhang. Die erwachsene Jungfrau klingt ein bisschen danach, als handele es sich hier um ein Problem, das vor allem Frauen betrifft, nach dem Motto: Manche Frauen kriegen Orangenhaut, und manche Frauen kriegen keinen ab. Dem ist keineswegs so. Das Schicksal des Nichtabkriegens trifft Männer mindestens ebenso häufig wie Frauen, das kann ich zufällig bezeugen. Auch wenn sich der Jungmann als Bezeichnung dafür nie durchgesetzt hat, ist es völlig egal, ob Orangenhaut oder Bärenfell. Sensibilität sollten wir von der Sprache in solchen Dingen aber ohnehin kaum erwarten. Herr – herrlich, Dame – dämlich: Spricht das nicht für sich?

Mein eigentliches Problem aber: Die Jungfrau ist mir zu ungenau. Sie trifft das Problem nicht im Kern, sondern bestenfalls am Tellerrand, über den wir doch hinausschauen wollen. Streng genommen dreht sich bei der Jungfrau alles um die eine Frage: Ist die Schutzfolie untenrum schon ab, hat da einer mindestens einmal sein Fortpflanzungsorgan der Gebrauchsanweisung nach benutzt? Ob aus Liebe, Lust oder Trunkenheit, spielt eigentlich keine Rolle. Schon mal Sex gehabt, ja oder nein? Eine wichtige Frage, mag sein. Aber die wichtigste?

Wenn wir uns offenbar auf die Sprache so wenig verlassen können, dann sollten wir die Sache und ihre Klärung besser selber in die Hand nehmen. Worum also geht es hier? Erster Versuch: Es geht um das Nochnie.

Manche Menschen haben noch nie.

Noch nie geküsst. Noch nie gekuschelt. Noch nie Händchen gehalten. Noch nie gestreichelt. Noch nie verliebt jemandem in die Augen geschaut. Noch nie nichts, gar nichts. Weit weniger also, als bloß noch nicht Sex gehabt. Die Jungfrau greift zwar nicht gänzlich ins Leere, aber sie greift zu kurz, sie kriegt nicht das ganze Problem zu fassen. Die Nochnie-Menschen stehen komplett daneben und schauen bloß zu. Sind in der eigenen Romanze Statisten ohne Text. Liebe ist, was die anderen machen, was in Büchern und Filmen und Liedern vorkommt. Nochnie-Menschen sind allein und fürchten, es zu bleiben, für lange oder gar für immer. Nach nichts sehnen sie sich mehr, als nach erwiderter Liebe, um nichts sorgen sie sich mehr, als keine zu finden, nicht gefunden zu werden.

Was da erst die anderen denken müssen! Wie, der hat noch nie? Noch gar nie? Mit dem kann doch was nicht stimmen! Aussehen? Schüchtern? Kindheit? Schwul? Bauer? Bloß Finger weg! Vorsicht, das ist einer von der Resterampe, vom Grabbeltisch des Lebens, das willst du dir nicht antun …

Nochnie, das klingt nach Depression, das schmeckt nach Bitterkeit, das riecht nach Jammern und Heulen. Das kann doch bloß Versager und Verlierer treffen, denen dieses Problem in Großbuchstaben auf die Stirn geschrieben steht, denen man ihr Alleinsein und Nichtfindenkönnen noch auf 20 Meter gegen Wind und Nebel ansieht. Nochnie, da können wir gar nicht anders, als ans Krawallfernsehen denken, an RTL und Pro7 und ihre Geschwister, die uns beigebracht haben, wie erwachsene Jungfrauen aussehen müssen: wie arme Würstchen, aus dem Kuhstall oder dem Hotel Mama direkt ins Rampenlicht gezerrt, denen vor laufender Kamera die Hosen runtergezogen werden, in humanzoologischen Doku-

Märchen über Bauern und Schwiegertöchter. Nochnie, das klingt nach Arme-Würstchen-TV.

Eigentlich wollen wir über so was gar nicht reden. Was sollte es da auch zu reden geben?

Die längste Zeit habe ich das auch so gehalten. Habe das Thema gemieden wie der Teufel die Bergpredigt. Wollte schließlich nicht als Versager gelten, als armes Thüringer Würstchen. Habe meinen Eltern und der Familie und Freunden und Kommilitonen und Kollegen gegenüber getan, als sei alles in bester Ordnung, als müsse das so sein, als sei das selbstgewählt.

Ja, mir geht es gut!

Fragte doch mal einer genauer nach, wie das denn sei mit mir und den Frauen, dann blies ich Wind aus vollen Backen und tat, als ginge mich das alles nichts an.

»Frauen? Ach woher. Nein, gerade ist da niemand, aber das ist ganz in Ordnung so. Hab viel zu viel Arbeit, für eine Beziehung hätte ich gerade überhaupt keine Nerven. Mir fehlt eigentlich nichts. Sonst hätte ich ja eine. Es geht mir gut!« Esgehtmirgut, das Mantra der Dauersingles.

Doch das war faustdick gelogen. Und zwar nicht nur den anderen gegenüber, vor allem mir habe ich damit was vormachen wollen. Dass es mir gutgeht, habe ich mir selber einzureden versucht.

Was passiert aber, wenn man doch drüber redet?

Ich erinnere mich noch ziemlich genau an mein erstes Mal. Drüber reden, nicht das mit der Schutzfolie.

Ich sitze im ICE auf dem Weg vom Heimatbesuch bei den Eltern in Mühlhausen zurück an die bayerische Studienfront nach München. Eigentlich meide ich diese Vierersitze mit Tisch, weil man darunter garantiert seinem

Gegenüber auf die Füße tritt, aber was anderes ist nicht mehr frei. Mir sitzt eine betagte Dame gegenüber, mit Goldbrille und Altersflecken auf den Handrücken und in einer Duftwolke aus 4711 Kölnischwasser, sicher eine herzensgute Großmutter ihrer sieben Enkel. Der Schmöker von Rosamunde Pilcher scheint sie zu langweilen, also schwatzt sie mir in ihrem schwäbischen Dialekt eine Unterhaltung auf. Das heißt: Sie erzählt, ich darf zuhören, ob ich will oder nicht. Um nicht unhöflich zu sein, nicke ich an manchen Stellen. Auf der Höhe von Augsburg fragt sie mich überraschend nach meiner Freundin. Ich umschiffe eine Antwort dieser Frage auf dem üblichen Ausweichskurs: gerade niemand, viel zu tun, keine Zeit für Beziehung und so weiter.

Oma: »Heidanei, isch des grad kompliziert heit!«

Es folgt eine detaillierte Analyse aller komplizierten Beziehungsverhältnisse sämtlicher Kinder, Enkel und Schwippschwiegertöchter, inklusive verflossener und noch zu findender Partner. In ihrem Schwäbisch klingt das, als würde sie Plätzchenrezepte aufsagen.

Irgendwann wird mir das Gerede über Beziehungskram aber zu viel. Ich wage einzuwenden, dass das ja beileibe nicht allen Leuten so gehe, da gebe es ja auch jene, die gar keine Beziehung hätten: Zum Beispiel, weil sie keine finden können, so sehr sie sich auch darum bemühen. Ob sie nicht auch denke, dass die mindestens ebenso schlimm dran seien wie jene, die sich innerhalb einer Beziehung mit Sorgen herumschlagen? Vielleicht gar schlimmer!

»Ach, das haben sie neulich im Fernsehen gezeigt. Da war so ein Mann, also – der hat mit 50 noch bei seiner Mutter gewohnt. Wie der ausgesehen hat, kein Wunder, sag ich Ihnen! Solche Leute sind aber auch selber schuld!«

Das ärgert mich nun – und kitzelt den Aufklärer in mir wach, der seine große Klappe aufreißt, bevor der hasenfüßige Rest-Wolfram wirklich drüber nachdenken kann, was ich da gerade sagen will.

»So? Man kann es solchen Menschen also ansehen? Übrigens, nur dass Sie's wissen, ich bin auch so jemand.«

Sie klappt ihren Mund auf, etwa so weit, dass ein gutes Stück Sachertorte bequem hineingepasst hätte – und klappt ihn wieder zu. Mustert mich ausführlich. Denkt nach. Denkt länger nach. Und schließlich …

»Also. Das hätt' ich jetzt von Ihnen nicht gedacht. Wirklich nicht. Sie sind doch so ein sympathischer junger Mann. Also wirklich, das hätte ich jetzt nicht gedacht!«

Pause.

Da wir nun mal dabei sind, fülle ich die Pause, indem ich anfange zu erzählen. Vom Nochnie erzähle ich und davon, dass es den meisten Menschen gerade nicht auf der Stirn geschrieben steht, meiner Meinung nach. Dass es sich dabei um ein fieses Vorurteil handelt, aber dass man es genau deswegen als Betroffener nicht zugeben mag: Wer möchte schon gern abgestempelt werden! Ich erzähle, dass es Menschen in dick und dünn betrifft, in alt und jung, in männlich und weiblich, in arm und reich. Dass es in den besten und in den schlechtesten Familien vorkommt, in der Stadt und auf dem Land. Und, wer weiß, vielleicht sogar in ihrer eigenen Verwandtschaft.

»Das habe ich auch gerade gedacht«, fährt sie nach einer weiteren Pause fort. »Jetzt, da Sie davon reden, fällt mir doch wirklich jemand ein. Meine Enkelin Susi, vielleicht geht es der genauso. Wir haben uns schon immer gefragt, was eigentlich mit ihr ist, wann sie mal einen Mann mit nach Hause bringt und vorstellt … Sie können sich sicher denken, als Großmutter fängt man da schon irgendwann an, sich Sorgen zu machen!«

Und so erfahre ich alles über Susi, bis wir in München einfahren.

So geht das eigentlich immer. Egal, wo und mit wem dieses Un-Thema auf den Tisch kommt: Wenn einer erst mal über seine Vorurteile und Klischees gehüpft ist, fällt ihm mit ein bisschen Nachdenken garantiert ein, doch, da kenne er auch wen. Dem könnte es genauso gehen. Nur hätten sie da noch nie drüber gesprochen …

Zahlen oder Statistiken gibt es keine. Aber man braucht bloß eins und eins zusammenzählen: Wenn fast jeder jemanden kennt, dann kann es sich nicht um Orchideensorgen handeln. Dann ist das kein außenseitiges Exotenproblem von ein paar Übriggebliebenen, von Käuzen und Katzenladys, die doch selber schuld sind. Dann handelt es sich hier womöglich um eine Sache von gesellschaftlichen Ausmaßen. Dann bilden diejenigen, die keinen und keine finden können, eine große, zugleich aber eine unsichtbare Minderheit unter all den anderen vermeintlich Normalen. Dann sind wir vielleicht, ohne es zu wissen, ein ziemlich großer Verein. Erwachsene Jungfrauen Weiß-Blau e. V.

Wir sollten reden. Ich finde sogar, wir müssen.

Wir sollten das Thema nicht den Krawallsendern und dem Nichtreden überlassen, ebensowenig der Relativierung. Da ist es fast egal, welche Sorgen einem den Schlaf rauben, aber kaum etwas ist schlimmer, als gesagt zu bekommen: Nun stell dich mal nicht so an, du hast doch gar kein Problem.

»Was, darüber machst du dir Sorgen? Du bist doch noch jung. Sei bloß froh, dass du Single bist! Genieß deine Freiheit. Du hast ja keine Ahnung, wie anstrengend eine Beziehung sein kann … wie gern würde ich mit dir tauschen. Nein, also darüber solltest du dir keine Sorgen machen. Das wird schon noch!«

Die Sorge vorm Alleinbleiben ist für den, den sie vom Schlafen abhält, nicht einfach ein Problem unter anderen, sie ist ein Lebensproblem. Die Angst vorm Alleinbleiben kann sich zum schwarzen Loch auswachsen, das irgendwann mitten im Alltag hängt und alles lähmt, alles in seinen Bann zieht, das vom Aufstehen bis zum Zubettgehen alles unendlich schwer und mühsam macht. Tag für Tag, Jahr um Jahr. So ein schwarzes Loch nährt sich von Enttäuschungen und Sehnsüchten, von Trauer und Scham, von Bitterkeit und Neid. Es wächst und wird dicker und kann sich so weit aufblähen, dass eines Tages vielleicht der ganze Mensch hineingesogen wird und darin verschwindet. Schwarze Löcher sind höchst ungesund, gerade solche in einem drin.

Wir müssen reden.

An einem Freitagabend an einer Münchner Straßenbahnhaltestelle ist mir für dieses Lebensproblem mein Begriff vom »Love Alien« eingefallen. Weniger als Definition, mehr als Umschreibung eines Gefühls. Dort, an der Haltestelle, als es wie aus Weißwurstkübeln regnete, habe ich mich zum ersten Mal so gefühlt. Ich war auf dem Weg nach Hause. Um nicht noch nasser zu werden, drängte ich mich unter das Haltestellendach zu anderen Wartenden. Der Regen meinte es gut mit uns. Gleich neben mir stand ein junges Paar, etwas jünger als ich, vielleicht Anfang 20. Die beiden waren aufgebrezelt für die Partynacht und von einem Moment auf den anderen ineinander verschlungen, so dass ich schwer hätte sagen können, wo der eine anfängt und die andere aufhört. Sie knutschten ungeniert und innig, als gäbe es kein Morgen. Da war sie, die ersehnte Liebe, so schön, wie man sie sich nur vorstellen kann, kaum eine Armlänge von mir entfernt – und doch fühlte es sich an, als sei sie gleichzeitig so weit weg wie ein anderer Stern für mich. Bin ich überhaupt von da, wo die beiden herkommen? Oder doch am Ende eher ein kleines grünes Männchen, das zwar zufällig so ähnlich aussieht wie die da neben mir, das aber von dem, was die machen, so viel Ahnung hat wie ein Dackel vom Dachdecken. Nur fehlt dem Dackel nichts, wenn er seine Wurst kriegt. Mir fehlt die Liebe, so viel steht fest. Überhaupt, Liebe: Ist das so was wie eine Sprache oder ein Dialekt, wie Bayerisch, das alle um mich herum sprechen und verstehen, nur ich nicht? Irgendwie ist mir natürlich klar, was die da machen, küssen. Ich sehe das nicht zum ersten Mal, ich kann das erkennen und benennen. Aber wie sich das anfühlt, und vor allem, wie man dorthin kommt, wie man das zustande bringt, ein Mädchen zu küssen, was für alle anderen so selbstverständlich zu sein scheint, dass sie es sogar hier unterm Haltestellendach der Linie 12 ganz ungestört in einem Pulk von regenflüchtigen Trambahnwartenden zelebrieren: Davon habe ich nicht den leisesten Schimmer.

GUTER RATSCHLAG

NR. 1

Veronika: »Weißt du, was dein Fehler ist? Du suchst zu sehr, das kann man dir ansehen.«

Ich: »Ich soll also aufhören zu suchen, damit ich jemanden finde?«

Veronika: »Genau! Ich hab das auch falsch gemacht, ich hab ewig gesucht und gesucht. Und? Nichts! Nicht ein einziger brauchbarer Kerl. Irgendwann hab ich gesagt: Scheiß auf die Männer, du machst jetzt Urlaub, und zwar allein! Dann hab ich den Flug nach Chile gebucht. Und auf dem Rückweg habe ich Martin getroffen. Glaub mir, du musst bloß aufhören zu suchen!«

FALSCHE VORBILDER UND EINE LÜGE VON DER LIEBE

Als Kind verbringe ich noch irre viel meiner Zeit mit Lesen. Vor allem zwei Buchsorten haben es mir angetan und bevölkern in den ersten Lesejahren Kinderzimmerregale und Gedankenwelt: Karl May und Star Trek. Viel lieber pirsche ich in meiner Phantasie durch den Wilden Westen und unbekannte Galaxien, als meinen Eltern beim Renovieren zu helfen. Leider gibt es neuerdings viel zu renovieren: Tapeten abreißen, Keller ausschachten, Garten entdschungeln. Wir sind in das Haus der Großeltern eingezogen, da bin ich gerade elf geworden, und dass ich Gefallen an Karl May gefunden habe, ist noch nicht lange her. Seit Oma gestorben ist, hat das Haus leer gestanden, daher großer Renovierungsbedarf, der meinen Leselüsten empfindlich in die Quere kommen kann.

Im Nachhinein kommen mir die Helden meiner Bücher erstaunlich ähnlich vor, egal ob sie mit Phaser oder Silberbüchse schießen. Kirk, McCoy und Spock oder Winnetou, Old Shatterhand und Sam Hawkens: allesamt ehrenhafte Singlemänner, deren Beruf es ist, fürs Gute und gegen die Schurken zu kämpfen. Ein Vollzeitjob im Außendienst, für den die Helden wochen- und monatelang unterwegs sein müssen. Auf jeden Fall miserable

Work-Life-Balance, und wer weiß schon, ob wenigstens die Überstunden anständig bezahlt werden. Für Hobbys wie Angeln, Gärtnern oder Kirchenchor bleibt Kerlen wie denen jedenfalls kein bisschen Zeit, aber schlimmer noch: für Liebe und Familie auch nicht. Denn in der Prärie und in der Milchstraße gehen die Schurken nie aus, nach jedem Abenteuer lockt längst das nächste, der Wilde Westen oder die Galaxie oder beide zugleich wollen gerettet werden, wieder und wieder. Deshalb müssen meine Helden auch weiterziehen, immer weiter.

Selbstverständlich lernen sie bei ihren Abenteuern auch Frauen kennen. Sogar die schönsten Frauen, die zufällig gleich noch alleinstehend sind und seit sieben Jahren nur sehnsüchtig auf einen ganzen Kerl wie Kirk oder Old Shatterhand gewartet haben. Diese Frauen werden mit der Galaxie gleich mit gerettet, das macht keine besondere Mühe. Dafür möchten sie ihre Retter natürlich vom Fleck weg heiraten. Aber das ist nicht drin. Ein Held kann doch nicht einfach sesshaft werden und Kinder in die Welt setzen, der muss weiter! Eine Romanze mag gehen, eine zärtliche Nacht ist immer drin, etwas Gefühl darf sich auch der Held erlauben. Aber am Ende kommt es unweigerlich zum Schlusskuss. Die Frau beteuert noch, sie werde auf ihn warten. Aber sie, er und ich, wir alle wissen, da wird sie umsonst warten.

Eigentlich eine tolle Sache. Die Helden müssen scheinbar nichts tun und werden doch von den schönsten Frauen angehimmelt. Sie probieren von der Liebe wie von einer exotischen Frucht, um schließlich stoisch und bis ans Pistolenhalfter von Pflicht und Ehre erfüllt weiterzuziehen. Weine nicht um mich, Liebling – ich kann nicht anders! Die Helden reiten in den Sonnenuntergang oder aus dem Orbit. Und die Frauen stehen da und weinen ihnen nach, jetzt sogar umso mehr.

Für so einen Helden ist das übrigens nicht weiter tragisch. Im nächsten Abenteuer gibt es schließlich schon die nächste Frau zu retten.

Wenn das so ist mit der Liebe und den Mädchen, dann will ich das auch!

Ich weiß nun nicht: Liegt es daran, dass Mädchen nicht die gleichen Bücher lesen? Wird in Mädchenbüchern etwa ganz anders von der Liebe erzählt? Kommen da dauernd Prinzen angeritten und hieven die Prinzessin auf ihr Ross, und dann wird auf geradem Weg ins königliche Standesamt galoppiert? Ich kann da nur spekulieren. Man sollte das überprüfen. Jedenfalls muss ich feststellen: So wie bei meinen Helden scheint das mit der Liebe in Wirklichkeit nicht zu gehen. Was immer ich anstelle, wie stoisch und heldenhaft ich zu sein versuche, wie sehr ich mich den Mädchen gegenüber in Abenteurerpose werfe – kein einziges will mich anhimmeln. Dabei gefalle ich mir selber recht gut in dieser Rolle … aber da scheint sich zwischen Phantasie und Realität ein Spalt im Raum-Zeit-Kontinuum aufzutun, wie Spock es ausdrücken würde.

Nur, wie funktioniert es dann?

Ich habe mal von einer Theorie gehört, leider habe ich nicht behalten, woher oder von wem sie stammt, die besagt: Unsere Vorstellung von der romantischen Liebe, wie wir sie heute suchen und betreiben, von der wir annehmen, dass sie allezeit, überall und für jeden auf der ganzen weiten Welt gelten müsse: Diese Vorstellung sei in Wahrheit kaum älter als 90 Jahre. Sie sei nämlich eine Erfindung von Hollywood.

Ob an dieser Theorie was dran ist, kann ich nicht beurteilen. Aber ich finde sie immerhin bedenkenswert.

Demnach ist es vor Hollywood anders gewesen. Seit der Frühsteinzeit etwa hat man sich so verpaart, wie es dem Fortbestand des Stammes oder der Sippschaft am besten diente. Wenn man überhaupt eine Wahl hatte. Von Gefühlen konnte da wohl kaum die Rede sein, wozu auch! Es galt, was wir heute ein wenig geringschätzig das Vernunftmodell nennen würden, das heißt: Beziehung und Ehe waren vor allem dann akzeptabel, wenn sie materiell was eingebracht haben. Die Tochter, die den Bauernsohn heiraten durfte, der mal den Hof erben würde, zog das große Los. Der mittlere Sohn kriegte, wenn er Glück hatte, eine Tochter vom Kaufmann und damit auch einen Teil des Geschäfts, und die Jüngste musste sowieso ins Kloster. Für jene, die nicht viel hatten, ging es ums nackte Überleben. Jeder wollte eine gute Partie sein und eine gute Partie machen. Am besten, man überließ die Partnerwahl gleich denen, die viel besser wussten, worauf es ankam. Den Eltern zum Beispiel, die das direkt mit anderer Söhne und Töchter Eltern aushandelten, ganz vernünftig. Das bisschen Liebe hat noch keinen satt gemacht. Es soll sie zwar auch damals schon gegeben haben, die Romantik, als Ideal irgendwo über den Wolken, die besungen und bedichtet wurde und schließlich dafür sorgte, dass sich bis heute Schüler mit Romeo und Julia herumärgern dürfen. Aber gemacht hat das doch keiner! Und falls doch, falls wirklich mal einer so verrückt gewesen sein sollte, jemanden aus Liebe heiraten zu wollen, falls der dafür gar noch Dummheiten anstellte, zum

Beispiel von zu Hause ausbüxen: Dann wurde der allgemein für gaga erklärt. Ein Träumer, aus dem nie etwas werden kann! Die romantische Liebe hatte mit dem wirklichen Leben so viel gemeinsam wie Hänsel und Gretel mit Ofenrezepten, sie schwebte hoch droben über jedem Alltag und war alles, bloß kein Lebensmodell. Sollte sie auch gar nicht sein.

Erst mit dem Siegeszug des Films als neuem, einflussreichstem Massenmedium soll sich das völlig verändert haben. Hollywood hat uns den Kopf verdreht und Flausen hineingesetzt, einfach weil nichts sich besser verkauft als Romantik. Also zählt seit der Stummfilmzeit bloß noch die romantische Liebe. Fortan gilt sie uns als erstrebenswert, als einzig akzeptabler Grund für alles Zweisame. Wer nun noch nach anderen Kriterien seinen Partner aussuchen sollte, der kann doch bloß hoffnungslos unromantisch sein und so was von gestern.

Hollywood hat ein für alle Mal festgelegt, was Liebe ist und wie sie auszusehen hat. Wie das mit dem ersten Kuss geht. Wie einer blicken muss, der innerlich entflammt ist. Wie eine leidenschaftliche Nacht aussieht. Rote Rosen, weiße Laken und die Raserei der Verliebtheit, der wir uns gar nicht erwehren können: die Chiffre der Romantik. Wir alle spielen sie nach, folgsam ziehen wir im Schlafzimmer die Vorhänge zu, verstreuen Rosenblätter, dimmen das Licht und legen sanfte Musik auf, als könne das gar nicht anders sein. Der romantischen Liebe ist nicht zu entkommen. Dabei spielen wir damit nichts anderes nach als die endlose Variation auf ein kitschiges Hollywoodthema der zwanziger Jahre. So jedenfalls besagte Theorie.

Wenn da nur ein Fünkchen dran sein sollte: Dann rennen wir womöglich einem Ideal nach, das außerhalb vom Kinosaal zum Scheitern verurteilt ist. Wie besessen suchen wir nach dem und der Einen, nach jenem einzig und allein Richtigen, dem Seelenverwandten und Liebhaber und Vertrauten, bis dass der Tod uns und so weiter. Und wenn es doch wieder schiefgeht, lassen wir uns davon keinesfalls in unserer Suche beirren, nie würden wir die Schuld uns selber in die Schuhe schieben oder gar unserer überzogenen Vorstellung von Liebe. Es hat halt einfach nicht gepasst, sagen wir dann, und setzen unbeirrt die Suche fort. War eben noch nicht die Richtige, aber irgendwo da draußen muss sie sein und muss bloß noch von uns gefunden werden. Wir versuchen in den Alltag zu übersetzen, was nie dafür gedacht war, weil das Leben – Überraschung – kein Film ist. Irgendwann sehe auch ich ein, dass ich den Held als Berufs- und Daseinswunsch lieber bleibenlassen sollte.

Da gibt es übrigens noch ein anderes, kaum weniger verheißungsvolles Filmklischee, das in Abertausenden Filmen durchdekliniert und endlos variiert wird: der Mythos, jeder würde irgendwann mal errettet. Selbst das mimeligste Mauerblümchen und das hässlichste Entlein würden irgendwann erlöst, weil eines Tages doch jemand bis hinunter auf den Herzensgrund sehen kann und dort den wahren Wert des Nochniegeküssten erkennt. Bloß Geduld muss er haben, bis auch er wachgeküsst wird, natürlich vom hübschesten Mädchen weit und breit.

Als Kind und Jugendlicher mag man so einen Satz zwar nicht hören, aber mit den Jahren erweist sich eine andere Einsicht als zuverlässiger: Wenn etwas zu schön klingt, um wahr zu sein, dann kann man getrost davon ausgehen, dass es nicht wahr ist. Auf Errettung jedenfalls sollte ich besser nicht warten.

GUTER RATSCHLAG

NR. 2

Therapeutin: »Suchen Sie denn eine Frau?«

Ich: »Klar. Aber heißt es nicht, man solle nicht suchen?«

Therapeutin: »Vielleicht sagt man das so. Aber wie wollen Sie jemanden finden, wenn Sie nicht suchen? Sie müssen eine Frau zum Projekt machen, genauso, wie Sie jedes andere Projekt angehen. Die Frau ist ab sofort Ihr wichtigstes Projekt. Sie müssen aus vollem Herzen sagen: Ich suche eine Frau!«

EIN ANFANGSVERDACHT NAMENS PEGGY

Keiner kommt als Love Alien zur Welt, davon bin ich überzeugt.

Bei mir lugt zum allerersten Mal ein Verdacht um die Ecke, als ich in der zehnten Klasse bin: Ob da wohl irgendwie was anfängt schiefzulaufen mit den Mädchen und mir?

Zu der Zeit gehe ich auf das Albert-Schweitzer-Gymnasium, einen prächtigen sozialistischen Plattenbauklotz, der am Stadtrand von Mühlhausen liegt, als habe einer damit Tetris gespielt. Und verloren. Meine kleine thüringische Heimatstadt liegt genau am geographischen Mittelpunkt Deutschlands, oder doch fast genau, kaum fünf Kilometer davon entfernt. Als ehemalige Reichs- und Hansestadt hat Mühlhausen viel Stadtmauer zu bieten, allerdings nicht ganz so viele Arbeitsplätze, die Mühlhäuser sind stolz auf die größte Stadtkirmes, auf ihr Pflaumenmus und den jungen Johann Sebastian Bach, der es aber leider nur ein Jahr hier ausgehalten hat. Vielleicht war seinerzeit das Pflaumenmus noch nicht so gut. Auf dem Schweitzer-Gymnasium mache ich auch Abitur. Wenig später wird es geschlossen und bröckelt danach jahrelang vor sich hin: Schülermangel. Denn in der Innenstadt gibt es noch ein zweites, das Tilesius-Gymnasium, ein altehrwürdiges Lehrgebäude gleich gegenüber der Stadtmauer, das nach Schillerballaden und Lateinunterricht aussieht.

Nicht weit vom Tilesius entfernt wartet ein Reisebus am Busbahnhof, der Motor brummelt schon ungeduldig. Ich bin wieder mal spät dran und steige als einer der Letzten zu. Der Bus ist fast voll besetzt, erst hinten findet sich noch ein Platz, neben einem Mädchen. Peggy heißt sie und geht auch in die zehnte Klasse, aber auf das Tilesius, deshalb haben wir uns noch nie gesehen. Aber wir haben gemeinsame Freunde, das kriegen wir schnell heraus. In einer kleinen Stadt wie Mühlhausen auch kaum zu vermeiden. Fürs Wochenende soll es nach Berlin gehen, Bildungsfahrt in die Hauptstadt der Republik, und zwar ohne Eltern und Lehrer: So etwas nennt sich außerschulische Aktivität, wird von irgendeiner Zentrale für politische Bildung bezuschusst und soll uns wohl auf das Leben als gute Staatsbürger vorbereiten. Geplant ist ein bisschen Museum hier, ein bisschen Vortrag dort, aber uns interessiert doch mehr das Drumherum. Ein Bus voller Pubertierender sollte vielleicht als Gefahrguttransporter gekennzeichnet werden. Wir fahren ab, und mit uns fährt ein beachtlicher Schwung Aufregung und Hormone.

Wir verstehen uns gut, Peggy und ich. So gut, dass wir uns das ganze Wochenende nicht von der Seite weichen. Im Museum, im Zoo, bei McDonald's. Wir schwatzen, scherzen, schäkern, lachen. Eine halbe Nacht lümmeln wir vor der Jugendherberge auf Berliner Bordstein herum, rauchen und reden. Peggy hat Sommersprossen und Stupsnase und wirkt ziemlich erwachsen auf mich. Um alles herum trägt sie einen mittelblonden Pagenschnitt.

Einen Freund hat sie nicht, das kriege ich auf Umwegen heraus. Ich mag sie. Und schon schleicht sich bei mir die Hoffnung ein, dass sie mich vielleicht auch mag. Prompt verliebe ich mich ein bisschen in Peggy. Mit 16 ist so eine Wochenendfahrt dafür dicke ausreichend. Mehr allerdings passiert zwischen uns nicht.

Nach der Hauptstadtfahrt muss ich eine ganze Woche warten, bis ich sie wiedersehen darf. Eine Woche, mindestens so lang wie drei. Zum Glück ist am Wochenende Stadtfest in Mühlhausen, ein wunderbarer Verabredungsvorwand, über die Altstadt sind ein paar Bühnen verstreut, nachmittags gibt es Blasmusik und Bratwürste für die Älteren, für die Jüngeren macht abends eine Rockband am Untermarkt Krach. Hier treffe ich Peggy wieder. Zwischendurch hatten wir keinerlei Kontakt, kaum vorstellbar, aber wir hatten ja weder E-Mail noch WhatsApp, nicht einmal Handys. Unter solchen Umständen überhaupt eine Verabredung zustande zu bringen war schwer genug. Von der Telefonzelle aus hatte ich sie angerufen, damit meine Eltern nichts mitbekommen. Nun stehen wir vor der Rockbühne in der ersten Reihe und wippen ein Stündchen vom linken aufs rechte Bein. Dann schlage ich vor, ob wir nicht noch ein bisschen die Stadtmauer entlangspazieren wollen. Ich habe einen Plan.

»Warum wirst du immer langsamer?«, fragt Peggy.

Tagelang habe ich mich auf diesen Moment vorbereitet, habe mir einen Text zurechtgelegt, haarklein ausgetüftelt, was ich sagen will und wie. Sogar geprobt habe ich. Ich bleibe stehen. Vorhang auf, mein Auftritt.

»Du, vielleicht hast du das schon gemerkt. Ich mag dich. Wirklich. Ähm … möchtest du vielleicht mit mir gehen?«

»Ach, weißt du ...«, sagt Peggy und schaut weg.

Weiter höre ich nicht mehr zu, keine Ahnung, ob sie überhaupt noch was zu mir sagt. Stattdessen bin ich mit Spontansterben beschäftigt. Am meisten tut mir ihr Blick weh, der bei mir ankommt, als wolle er mir sagen: Hast du im Ernst geglaubt, ich könnte mich für dich interessieren?

Dabei war ich mir nahezu sicher gewesen. Waren wir nicht auf Anhieb wunderbar vertraut, hat nicht alles gepasst, als könnte es gar nicht anders sein? Ich verstehe die Welt nicht mehr, Peggy schon gar nicht, und mag den Rest vom Wochenende nicht mehr vor die Tür, Wunden lecken, Stadtfest hin oder her. Sie hatte mich doch auch gemocht. Oder war das nur Wunschdenken?

Ein paar Tage später sehe ich sie wieder, zufällig, Hand in Hand schlendert sie mit einem auffallend sportlichen Typen in Lederjacke über den Steinweg, die Mühlhäuser Flaniermeile. Mich sieht sie zum Glück nicht.

Peggy war natürlich nicht die erste, in die ich mich je verliebt habe. Was man so verlieben nennt, aber das ist auch mit 15 schon furchtbar ernst gemeint. Das fängt doch reichlich vor der Pubertät schon an. Hingucken, weggucken, wieder hingucken, tuscheln. Aus der Ferne schwärmen. Poesiealben vollkritzeln. Zettelchen durch die Bankreihen schicken. In der Fünften hatte ich Emelie aus der Parallelklasse einen geschrieben, und zwar ziemlich direkt: Willst du mit mir gehen? Ich kannte sie nur vom Schulhof, aber ich mochte sie. Was genau das eigentlich heißt, mit jemandem gehen, davon hatte ich zwar keine Vorstellung, aber es kribbelte, das sollte doch herauszufinden sein! Ich bekam einen gefalteten orangenen Zettel zurück: Ja! Mit Herzchen drumherum. In der nächsten großen Pause hockten wir nebeneinander auf einer Schulhofbank. Ist das miteinander gehen? Ich vermutete nein, aber wie weiter? Wir wagten uns nichts, weder anschauen noch anfassen. Am nächsten Tag ließ sie mir ausrichten, sie wolle doch nicht mit mir gehen. Halb so wild, das wird schon noch, dachte ich.

Lange sollte es nun nicht mehr dauern. Zum vierzehnten Geburtstag denke ich mir: heute in einem Jahr! Mensch. Garantiert kannst du dann mitreden. Hast geknutscht, und wer weiß was noch alles. Hast eine Freundin. Aufregend, wie ich mich drauf freue! So ein Jahr von Geburtstag zu Geburtstag ist in dem Alter ja noch mindestens doppelt so lang. Diesen vorausblickenden Optimismus besitze ich auch noch, als ich 15 und 16 werde.

Dann aber hängt mir die Sache mit Peggy doch länger nach, als ich zugeben würde. Zum Glück gehen wir auf verschiedene Schulen, aus meiner Klasse hat niemand von der Abfuhr mitbekommen. Ich übe mich in Stoizismus und lasse mir nicht das Geringste anmerken. Nur als ich 17 werde, machen die Geburtstagsgedanken eine Kehrtwende, jetzt schauen sie nicht mehr voraus, sondern in den Rückspiegel. Wieder ein Jahr um, immer noch nicht geküsst, von mehr gar nicht zu reden. In der Klasse bin ich bestimmt einer der Letzten, der noch nicht hat. Wie der dicke Martin, der dafür manchmal ausgelacht wird.

Stimmt da was nicht mit mir?

Ein Anfangsverdacht, kaum mehr als eine pessimistische Gedankenspielerei. Aber die Knospe treibt zaghaft aus, der Keimling schlägt Wurzeln. Hätte es nicht längst klappen müssen? Was läuft da schief? Ich fange an, mir zu misstrauen, mich auf Schritt und Tritt selber zu beobachten. Wie wirke ich wohl? Was mache ich wie, und vor allem: Was mache ich falsch? Wie machen das die anderen? Fortlaufend bilden sich Pärchen um mich herum. Was, die mit dem? Händchen halten, auf dem Schulhof knutschen, turteln auf Klassenfahrt und in der Raucherecke. Hast du gehört? Die beiden sind schon wieder auseinander, und kaum zwei Tage später ist sie mit dem Typen aus der Parallelklasse zusammen. Im statistischen Mittel mag so eine Jugendbeziehung kaum zwei Wochen dauern, aber das macht nichts. Es sind erste Gehversuche in der Liebe. Hinfallen gehört dazu und mag weh tun, ist aber kaum weiter tragisch. Wie bei kleinen Kindern, die schürfen sich ständig die Knie auf, heulen los, rappeln sich dann aber doch wieder hoch und flitzen weiter.

Dass ich mich so irren konnte, dass ich so weit danebengelegen hatte im Schätzen meiner Chancen, das verunsichert mich. War das mit Peggy nicht Flirten gewesen? Haben wir nicht zusammen gelacht und gefühlt? Was hat der Typ in der Lederjacke richtiger gemacht als ich?

Überhaupt, wie wird aus zwei Einzelnen ein Paar? Diese beiden menschlichen Aggregatzustände, die in freier Natur am häufigsten vorkommen, sind mir natürlich bekannt: Einzelner bin ich selber, und Paare kann ich immerhin beobachten. Aber wie wird aus dem einen das andere, wie geht der Übergang vonstatten? Offenbar ein nicht zu beobachtender, ein rätselhafter Vorgang. Wenn ich bei Paaren nachfrage, wie das geschehen ist, bekomme ich Antworten wie: »… und dann ist das einfach passiert.« Oder: »… und plötzlich haben wir uns in den Armen gelegen.« Aber WIE? Niemand kann mir das sagen.

Ab da stehe ich abseits und schaue zu. Wenn ich mich doch mal wieder traue, dann schon halbherziger, mit halb gezogener Handbremse, vorsichtshalber. Bloß nicht wieder so eine Blamage wie mit Peggy!

Und so bleibt es die restlichen Schuljahre dabei, es geschieht nichts.

GUTER RATSCHLAG

NR. 3

Friederike: »Kopf hoch, du findest schon jemanden. Du weißt doch: Auf jeden Topf passt ein Deckel. Auch auf einen Wok wie dich.«

ZWEI
BEGABUNGEN

Haben wir das Love Alien schon beisammen? Mal sehen: Ein Viertelliter essigsauer missglückter Versuche. Reichlich Verunsicherung, gern eine ganze Packung, gerade als junger Mensch kann man davon nie genug haben. Fünf gehäufte Esslöffel falscher Helden-Romantik. Eine Prise keinen Schimmer. Reichlich Druck aus allen Richtungen, vor allem vom eigenen Seelenleben ... nein, ganz haben wir es noch nicht, eine entscheidende Zutat fehlt noch.

Man könnte meinen, jetzt erst recht! Wenn sogar der Spätzünder Martin schon mit einem Mädchen gesehen wird, Wolfram, dann solltest du dich langsam mal ranhalten!

Stattdessen spiele ich mir und den anderen vor, ich hätte Besseres zu tun. Mädchen? Gehen mich nichts an! Wenn die nicht wollen, dann verbringe ich meine Abiturzeit, elfte und zwölfte Klasse, doch lieber mit meinem neuen Hobby. Vielleicht, das steckt als heimliche Hoffnung wahrscheinlich dahinter, gewinne ich auf Umwegen ja doch ein wenig Attraktivität hinzu.

Außerhalb der Schule hänge ich am liebsten an zwei Orten herum: nachmittags in der Redaktion der Mühlhäuser Lokalzeitung, abends im Mephisto. Hängt beides auch miteinander zusammen. Seit ich in der neunten Klasse zwei Wochen Schnupperpraktikum bei der Zeitung absolviert habe, träume ich davon, berühmt und Schriftsteller oder wenigstens halbberühmt und Journalist zu werden. Ich ergattere kleine Aufträge von der Zeitung, tippe 60-Zeilen-Artikel über Feuerwehrjahreshauptversammlungen und Kaninchenzüchterjungtierschauen, schieße Gruppenfotos von diamantenen Hochzeitspaaren nebst Landrat mit Präsentkorb und Scheckübergaben an die Arbeiterwohlfahrt. Pro Zeile gibt es 20 Pfennig, pro Bild fünf Mark. Meinen Verdienst investiere ich geradewegs in die Wirtschaft des Ostens, einen winzigen Laden auf dem Steinweg, spezialisiert auf Erzeugnisse nach alter Rezeptur und mit DDR-Geschmack: Ost-Produkte. Dass hier auch Doppelkekse im Sortiment stehen, erscheint mir aus heutiger Sicht inkonsequent. Doppelkekse sind eindeutig ein Westprodukt und Ausdruck kapitalistischer Prunksucht. In der DDR wusste man sich schließlich auch mit Einfachkeksen zu begnügen. Aber wer weiß, vielleicht war ich es ja, der das Doppelkeksangebot erst durch erhöhte Nachfrage gesichert hat. An einem guten Nachmittag als Nachwuchsreporter jedenfalls geht locker eine Rolle dieser Doppelkekse drauf, ebenso eine Schachtel roter Gauloises, die Marke der Schriftsteller. Während ich beim Verfassen meiner 60-Zeiler nach einer Begabung zum Schreiben suche, entdeckt mein Körper ganz nebenbei seine Begabung zum Dickwerden.

Abends geht es ins Mephisto, eine Kneipe in einem Fachwerkhaus ganz in der Nähe der Redaktion, die auch wunderbar als Räucherkammer für Thüringer Würste funktioniert hätte. Hier treffen sich die Künstler und Alternativen von Mühlhausen, hier trinke ich Hefeweizen mit Moritz und Björn, den zwei Jungredakteuren aus dem Westen, die gleich überm Mephisto eine gemeinsame WG bewohnen. Dass ich mit ihnen an der Bar sitzen und schwadronieren darf, den in meinen Augen coolsten Typen weit und breit, nährt insgeheim die Hoffnung, dass ein bisschen Coolness dabei auch auf mich abfärbt. Muss ich erwähnen, dass Björn und Moritz gar nicht schlecht bei der Damenwelt ankommen? Gut möglich, dass ich da was lernen kann.

Während ich ein Hefeweizen trinke, das es nur im halben Liter gibt, schafft Moritz zwei. »Kann ich noch so einen Drink haben?«, sagt er immer zu Lilo, der Wirtin, wenn er Nachschub braucht. An einem Abend bringe ich es auf zwei bis drei Gläser, er gut und gern auf das Doppelte. Mit der Zeit und den Hefeweizen wird Moritz schweigsamer, sonst scheint der Alkohol keinerlei Wirkung auf ihn zu haben. Irgendwann steht er auf, sagt Tschüs und geht nach oben in die WG, und ich trotte heim. Am nächsten Nachmittag, nach der Schule, sehe ich ihn in der Redaktion wie eh und je mit zwei Fingern seine Tastatur beharken.

Eines Abends kommt Sabine überraschend ins Mephisto, eine alte Bekannte, vor Jahren haben wir gemeinsam im Musikschulchor gesungen, aber jetzt laufen wir uns höchstens noch zufällig mal über den Weg. Sabine ist längst aus Mühlhausen weggezogen, was macht sie hier? Ich schnappe mein Hefeweizen und setze mich zu ihr auf eine Plauderei. Nach ein paar Minuten Gesprächsgeplänkel sagt sie da wie aus heiterem Himmel, sie habe mich immer schon was fragen wollen.

Ob ich eigentlich schwul sei?

Obwohl. Wenn ich mich recht erinnere, so hat sie das nicht gefragt. Du bist doch schwul?, hat sie gefragt. Eine geschlossene Frage, die Antwort schien für sie schon festzustehen.

Was? Schwul, ich?

Das sei doch kein Thema mehr, heutzutage schon gar nicht. Man könne dazu stehen, einige ihrer besten Freunde seien schwul, weshalb ich gerade ihr das ruhig verraten dürfe, da brauche ich mir keinen Kopf machen, sie behalte es auch für sich.

Nein, ich bin nicht schwul! Aber wie kommst du darauf?

Na ja. Es gebe so Gerede. Ich hätte eben noch nie was mit einem Mädchen gehabt. Aber gut, sie wolle mich nicht drängen. Ich könne mir das in Ruhe überlegen, das habe Zeit. Auch später könne ich mit ihr darüber reden, wann immer ich wolle, jederzeit. Drüber reden hilft! Sie habe mich eben seit einiger Zeit im Blick und sei sich eigentlich ziemlich sicher … und andere würden übrigens das gleiche von mir denken.

Ganz egal, welche Argumente ich auffahre: Der Gedanke, ich müsse schwul sein, ist ihr an diesem Abend partout nicht mehr auszureden.

Der 17-Jährige, der ich war, hätte das wahrscheinlich nie zugegeben, aber mich erschüttert Sabines gutgemeinte Unterstellung bis in die Knochen. Nicht etwa, weil ich Schwulsein für etwas Schlimmes halte, natürlich nicht. Sondern, weil Sabine mich an meiner verwundbaren Stelle trifft, meiner Achillesferse: Was rackere ich mich um einen guten Eindruck ab, wie mühe ich mich um ein kleines bisschen Coolness, und dann bekomme ich ungefragt in voller Breitseite attestiert: Übrigens, auf uns wirkst du komplett anders. Du stehst doch gar nicht auf Frauen! Vielleicht weißt du es selber noch nicht?

Ein ausgewachsenes Love Alien bin ich zu der Zeit noch nicht einmal, auch wenn der Verdacht sich längst eingenistet hat, aber genauso gibt es noch die Hoffnung, dass es eines nicht allzu fernen Tages doch klappt mit einem Mädchen. Dass ich erleichtert feststellen kann: Na bitte, geht doch! Hoffnung und Sorge halten sich etwa die Waage, aber Sabine legt an dem Abend im Mephisto ein paar Steine auf die Sorgenseite, und schon pendelt die Waage bedenklich in die falsche Richtung.

Sabines Insistieren war sicher keine böse Absicht, vielleicht wollte sie mir wirklich auf die Sprünge helfen, aber nie, nicht für eine einzige Sekunde fühle ich mich zu einem Mann hingezogen. Nichts zu machen.

So. Noch mal überlegen … ist das die fehlende Zutat: Herauszubekommen, was die anderen über einen denken, nämlich, dass man offenbar ganz anders rüberkommt, als mal selber rüberkommen möchte? Wenn alle Mädchen mich für schwul halten, habe ich ein Problem.

Doch, ich glaube, damit hätten wir alles zusammen. Jetzt kräftig durchmischen.

GUTER RATSCHLAG
NR. 4

Johannes: »Genieß dein Leben! Alter, ich an deiner Stelle, ich würde Party machen, bis die Wände wackeln! Aber bei mir zu Hause wartet eben meine Freundin auf mich. Auch nett, klar, aber irgendwie vermisse ich die guten alten Zeiten schon ...«

KRAKAU UND DER BLICK DER ALTEN DAMEN

»Getanzt habe ich für mein Leben gern! Und dieser Leutnant, in seiner schicken Uniform, der hat doch tatsächlich mich aufgefordert. Mich! Gott, war ich aufgeregt! Meine Freundinnen sind vor Neid geplatzt, aber er hat wirklich nur mit mir tanzen wollen, mit mir allein, den ganzen Abend lang. Und zum Schluss, da hat er mich einfach geküsst.«

Ich verstehe nicht alles wörtlich, was Frau Kucharz mir erzählt, so gut ist mein Polnisch noch nicht. Aber ihre Augen, ihre Hände, ihr ganzer Körper erzählt mit, wie könnte ich sie da missverstehen? Viel sagen brauche ich nicht, es genügt, wenn ich hin und wieder ein »tak« einwerfe, ein Ja. Schon erzählt sie weiter von früher, und ich höre weiter zu. Solange die Krankenschwestern mich zuhören lassen und ich nicht irgendwo auf der Station anpacken soll, Teller spülen oder Essen austeilen.

Frau Kucharz sitzt auf ihrem Krankenbett und lässt die Beine baumeln, im zweiten Stock des Krakauer Eisenbahnerkrankenhauses, den langen Gang der Station durch bis ganz hinten links im letzten Zimmer. Die Wände sind bis auf Brusthöhe mit petrolgrüner Latexfarbe gestrichen, der Boden ist mit Sporthallen-Linoleum ausgelegt, die Betten aus Stahl sind tausendmal überpinselt und mindestens seit dem Krieg in Benutzung, dem ersten. Der Geruch ist eine delikate Mischung aus Krankenhaus und Moder. Zeit, Einrichtung, Umgangston und Personal scheinen im Sozialismus steckengeblieben zu sein. Was aussieht wie ein Krankenhausmuseum aus finsteren Zeiten, ist in Betrieb.

Frau Kucharz heißt wörtlich übersetzt Frau Koch, aber bei uns heißt sie nur die Indianerin. Weil sie exakt wie eine aussieht, eine elegante Oma-Indianerin. Von der Seite gäbe ihr Gesicht ein astreines Profil ab für einen Sioux-Scherenschnitt. Ihr schlohweißes Haar hat sie immer mit einem Stirntuch in bunten Stammesfarben zusammengebunden, und ihre Augen sind blau und stechend wie die eines Huskys. Manchmal steckt sie mir eine Packung Diabetikerwaffeln mit Zitronengeschmack zu, ich vermute, mit denen wird sie von ihren Verwandten versorgt. Die Waffeln schmecken pervers nach Chemie, aber irgendwann kaufe ich sie mir sogar selber dann und wann. Weil ich die Indianerin so liebe. Wir alle lieben sie.

Wir, das sind eine Handvoll junger Deutscher, die als Freiwillige nach dem Abitur für ein gutes Jahr nach Krakau gezogen sind, diese Märchenstadt im Süden Polens. Wir Jungs leisten hier unseren Zivildienst, wir müssen schließlich, warum also nicht im Ausland. Die Mädchen machen das ganz freiwillig. Die Idee hinter unserem Einsatz in Krakau: Junge Deutsche kümmern sich, so gut sie können, um die letzten paar Überlebenden der Nazizeit. Putzen, einkaufen, kochen, Gesellschaft leisten, manchmal auch richtig handfest pflegen. Was eben so gebraucht wird bei alten Leuten. Wiedergutmachung wäre ein viel zu großes Wort, aber die Absicht geht wohl in diese Richtung. Reden und vor allem zuhören, Berührungsängste überwinden, zu Geschichte und Geschichten ein paar Gesichter kennenlernen. Abwechselnd mit drei anderen Jungs pflege ich den alten Herrn Stanislaw in seiner Plattenbauwohnung. Er leidet unter Parkinson, und sein vernarbter Rücken erzählt von Misshandlungen während der Zwangsarbeit unter Deutschen. Zusätzlich schiebe ich noch Schichten als Hilfs-Hilfspfleger auf der Palliativstation im Eisenbahnerkrankenhaus, wo auch die Indianerin liegt und wo ich Teller und Böden wische, aber darüber hinaus versuche, so oft es geht, einfach ein offenes Ohr für die alten Leute zu haben.

Das erste Mal gehen Katharina und ich aus, als wir gerade eine gemeinsame Krankenhausschicht hinter uns haben. Katharina stammt aus Berlin und ist auch Freiwillige, wohnt aber nicht in meiner WG, sondern am Stadtrand von Krakau in einer anderen. Erst vor kurzem haben wir entdeckt, dass wir auf die gleiche Musik stehen, die Dave Matthews Band. Immerhin hätten wir damit schon mal was, worüber wir reden könnten.

»Wollen wir noch was trinken gehen?«, fragt sie, als wir nach unserer Schicht auf dem Weg zur Straßenbahnhaltestelle sind.

Verlockend, aber ich sage nicht gleich ja, denn eigentlich hätte ich Training. Um die Ecke vom Krankenhaus liegt eine Kung-Fu-Schule. Kampfsport war schon immer mein Ding. Zwar wäre ich fast rückwärts wieder herausgestolpert, als ich die Schule zum ersten Mal betreten habe. Wenn ein Trupp polnischer Kung-Fu-Kämpfer unisono den Kampfschrei loslässt, kann das einen Unbedarften leicht umhauen. Die Trainingskommandos werden auf Polnisch und Chinesisch gegeben. Ich verstehe beides nicht, melde mich also an. Bald kenne ich auf Polnisch wichtige Vokabeln wie Kopfstoß und Unterleibstritt und kann auf Chinesisch immerhin bis zehn zählen und »kleine Kirschblüte« sagen. So heißt eine Choreographie mit Schwert, aber bis heute frage ich mich, ob das in China nicht auch als Kompliment oder Anmache funktionieren könnte. Jedenfalls schult mein Körper innerhalb kurzer Zeit von Doppelkeksen auf Kung Fu um und lässt in einem Tempo die Kilos fallen, dass man sich nur wundern kann. Und das allen polnischen Leckereien wie Bigos und Pierogi zum Trotz, die es mir mehr als angetan haben.

Also gut, muss das Training eben heute mal ausfallen – gehen wir was trinken! Wir landen in Harry's Pianobar, meiner Lieblings-Kellerjazzkneipe auf dem Krakauer Marktplatz, dem Rynek Główny. Es wird ein schöner und vor allem langer Abend. Und es soll nicht der letzte bleiben. Ein andermal gehen wir Szarlotka essen, heißen Apfelstrudel mit Vanilleeis, und trinken Kakao dazu, der zähflüssig wie Teer ist, aber bedeutend besser schmeckt. Manchmal, wenn wir irgendwo draußen rumstehen und auf einen Bus warten, lehnt sich Katharina an mich, einfach so. Oder sie tritt mir absichtlich auf die Füße und grinst dabei. Sie ist einen Kopf kleiner als ich, hat langes braunes Haar und eine so tiefweiche Stimme, dass sie problemlos Radiowerbung sprechen könnte, oder Telefonansagen. Alles würde ich dieser Stimme abkaufen! Katharina trägt Cordhosen und Strickjacken, riecht gut und hat Lachfältchen um die Augen. Kein Wunder.

Es dauert nicht lange, da bin ich in Katharina verschossen. Nicht sofort. Auf den ersten Blick passiert mir das nicht mehr, da bremse ich mich selber aus. Interesse schon, aber verlieben? Erst mal abwarten, ob ich Chancen sehe. Als es dann doch passiert, verliebe ich mich so sehr, wie ich mich noch nie verliebt hab. Die muss es sein, die oder keine! In Gedanken male ich mir aus, wie es wäre, ja: Wie es sein wird, mit ihr zusammenzusein. In der Realität wächst meine Schüchternheit, wird größer und größer, je mehr ich Katharina mag, bis ich ganz im Schatten der Schüchternheit verschwinde. Aus Angst, etwas falsch zu machen, mache ich – nichts.

Einmal besuche ich sie in ihrer WG am südlichen Stadtrand. Wir kochen Nudeln mit Tomatensoße, die Soße versalzen wir fürchterlich. Ihre Mitbewohnerin ist nicht da, sie scheint die Nacht irgendwo anders zu verbringen, ich frage nicht nach. Lange hocken wir beieinander, hören Lieblingslieder der Dave Matthews Band, singen mit, reden und reden. Als es Zeit zum Schlafen ist, legen wir uns nebeneinander, sie auf ihre Matratze, ich gleich daneben auf eine Isomatte. Wir liegen einander zugewandt, quatschen uns müde, irgendwann knipst sie das Licht aus. Ich liege mit hämmerndem Herzen da und wage nicht, mich zu rühren. Ich kann Katharina atmen hören. Irgendwann, vielleicht eine Stunde später, flüstert sie plötzlich in die Stille: »So. Ich schlafe jetzt«, dreht sich um und schläft tatsächlich ein, bald geht ihr Atem tief und gleichmäßig. Ich finde keinen Schlaf und wälze mich durch die Nacht. So nah …

Hätte mich einer gefragt: Wolfram, wenn du sie doch so magst, warum machst du dann nichts? – ich hätte laut protestiert. Stimmt doch gar nicht! Verabrede ich mich nicht so oft es geht mit ihr, lade ich sie nicht zum Geigenkonzert in die Philharmonie ein, schreibe ich nicht seitenlange Briefe und Gedichte? Offensichtlicher kann ich es doch gar nicht machen! Das wissen ja inzwischen sogar alle unsere Mitbewohner, wie viel sie mir bedeutet.

Dass das nicht reichen könnte, darauf komme ich im Traum nicht. Dass man sich als Verliebter noch mehr trauen muss, dass ein Mädchen vielleicht berührt, geküsst, verführt und erobert werden will, das fällt mir nicht ein. Ich denke mir das ganz anders: In meiner Vorstellung gehen wir beide gleichzeitig aufeinander zu. Ich mache einen Schritt, sie einen, dann wieder ich. Ich finde das romantisch, aber wahrscheinlich will ich bloß vermeiden, dass ich mir Herz und Kopf wieder an einer verschlossenen Tür einrenne. Also trippele ich in Minischritten verzagt auf Katharina zu, ohne vorwärtszukommen, besinge sie wie ein Minnesänger in höchsten Tönen und deute jedes Lächeln, jeden Blick von ihr als Triumph. Aus der Ferne schmachte ich sie an, habe sie innerlich längst auf ein Podest gehoben, male mir unsere Zukunft in Farbe und Stereo aus. Küssen! Kuscheln! Zusammen schlafen! Ehe! Kinder! Alt werden! Eine andere als Katharina kommt nicht in Frage, sie ist die Frau meiner Träume!

Wie sich herausstellt, hält Katharina wenig vom Angeschmachtetwerden. Bei einem Gottesdienst lernt sie einen Polen kennen und hat plötzlich einen Freund.

Es ist kurz vor Ostern, als ich davon erfahre, meine Welt stürzt zusammen wie ein Kartenhaus bei Niesanfall. Am Karfreitag machen wir Freiwilligen ein Osterfeuer im Wald. Alle sind da, nur Katharina nicht. Ist sie bei ihrem Freund? Der Gedanke lässt mich fast eine ganze Flasche Bisongraswodka trinken. Als ich am nächsten Nachmittag wach werde, bin ich immer noch so betrunken, dass ich nicht geradeaus gehen kann.

Wenn ich da mal nicht ungebremst mit 180 Sachen an

der Ausfahrt Richtung Liebe vorbeigebrettert bin, ohne das Verkehrsschild zu sehen, dann weiß ich auch nicht. Vielleicht gab es sogar mehr als eine Ausfahrt, wenn ich so darüber nachdenke. Bitter, wenn man das erst hinterher begreift. Aber späte Einsicht hilft nichts: Längst bin ich in der Zwischenzeit auf der Strecke ohne Wiederkehr gelandet, wo einer wie ich noch bei jeder Frau zielsicher landet, auf der Kumpelstrecke. Hier herrscht Schrittgeschwindigkeit, die sich anfühlt wie ewiger Stillstand. Kumpel sein, das kann ich verdammt gut, auch wenn ich mich selber dafür hasse. Aber lieber guter Kumpel sein, als gar kein Kontakt zu ihr, rede ich mir ein. Nur eins steht fest: Wenn du einmal auf der Kumpelstrecke unterwegs bist, dann kannst du alles andere vergessen. Einbahnstraße, wenden und zurückfahren nicht nur verboten, sondern unmöglich! Tote sollen schon lebendig geworden sein, das kann vorkommen, aber dass aus einem guten Kumpel noch mal ein Liebhaber geworden wäre, das ist spätestens seit Adam und Eva nicht mehr vorgekommen.

Für die restliche Zeit in Krakau habe ich Liebeskummer. Es gibt einen Song der Dave Matthews Band, den ich auf meinem Ghettoblaster rauf und runter nudele, darin besingt der Sänger, wie es wäre, alles zu besitzen: Wenn er ein König wäre, und wenn er die Frau seiner Träume hätte. Beides ungefähr gleich weit weg für mich. Ich drehe bis zum Anschlag auf, johle mit Dave Matthews mit und kann an nichts als Katharina denken.

Selbst dann noch, als ich Anja kennenlerne.

Über Pfingsten geht es zum Wandern in die Berge der Beskiden, mit den Mitgliedern einer katholischen Studentengemeinde. Auf der Hinfahrt sitzt sie mir im

Bummelzug gegenüber und strahlt mich an. Ein hübscheres Lächeln als ihres ist gar nicht vorstellbar. Anja muss ein oder zwei Jährchen älter sein als ich, denn sie studiert schon. Biologie. Beim Wandern bringt sie mir wichtige neue Vokabeln bei. Sonnenuntergang: zachód słońca. Bergsee: jezioro górskie. Anja spricht kein Englisch, mein Polnisch ist immer noch bescheiden, aber wer braucht das schon, wenn er gemeinsam lachen kann! Nach der Wanderung kommt sie mich besuchen. Sogar ein Geschenk hat sie dabei, mein allererstes Geschenk zum Valentinstag: Briefpapier mit Blütendruck. Schreiben wir uns?, fragt sie und lächelt, wie nur sie es kann. Und ich? Bin dumm. Aber das ist der falsche Ausdruck. Sogar ich kann sehen, dass sie mich mag. Ich mag sie auch, sie ist wunderbar! Aber auf sie einlassen, das bringe ich nicht zustande, so sehr ich gewollt hätte. Wäre ich bloß nicht immer noch sterbensunglücklich in Katharina verliebt gewesen – heute wäre ich wohl seit 14 Jahren mit Anja verheiratet, wir würden in Krakau wohnen und hätten mindestens drei Kinder. Die Polen heiraten traditionell früh.

Und ich hatte nicht mal an ein Geschenk für sie gedacht.

An der Sache mit Katharina habe ich nach dem Zivildienst noch länger als ein Jahr zu knabbern, das hängt mir eine ziemliche Weile nach. Das mit Anja ist schade wie nur was, auch damals schon. Aber die tiefste Schramme in meiner Seele hinterlassen weder Katharina noch Anja, die stammt ausgerechnet von den alten Leutchen im Krankenhaus. Sogar von meiner geliebten Indianerin.

Wer auf einer Palliativstation liegt, wartet auf den Besuch der Verwandten – und auf den Tod. Auf viel mehr, etwa auf Gesundung und Heimkehr, ist nicht mehr zu hoffen. Bei so düsteren und vor allem kurzen Aussichten halten sich die alten Leute weniger im Hier und Jetzt auf, mehr in ihrer Vergangenheit. Sie erinnern sich nicht bloß an früher, sie leben regelrecht in ihren Erinnerungen, während ihnen ihr echtes Leben im Krankenbett dahinschwindet. Und was zählt da noch? Eigentlich nicht mehr viel, außer der Anfang. Die langen Jahre in der Mitte des Lebens, jede Mühe und Arbeit, auch Karriere, Geld, Haus, Auto: alles wie weggeblasen, niemand spricht davon. Stattdessen geht es immer nur darum, wie sie mal jung waren. Von den meisten alten Leuten erfahre ich nicht mal den Beruf. Alles, was ich zu hören kriege, sind Geschichten vom Tanzen und Küssen, von Feiern, von glücklichen und weniger glücklichen Liebeleien, von Hochzeiten, von Partnern und Liebhabern, die inzwischen längst verstorben sind. Alles andere spielt keine Rolle mehr.

Als ich diese Perspektive probehalber für mein eigenes Leben einnehme, sehe ich – nichts. Da ist nichts. Ich bin 20 Jahre alt, also ungefähr da, wo der Ernst des Lebens anfangen soll, und habe von dem, was die Alten erzählen, nichts vorzuweisen. Ich habe meine Zeit verschwendet, aber eigentlich nicht mal das – hätte ich sie nur verschwendet!

Mit 15 war der Verdacht aufgekeimt, da könnte was nicht stimmen. Mit 16 musste ich mir aus falschem Stolz einbilden, ich hätte Besseres zu tun, zum Beispiel ein cooler Typ zu werden. Um jetzt festzustellen: Mädchen interessiert so eine Coolness einen feuchten Pustekuchen. Mehr als alle Coolness, mehr als Kung-Fu und alles

Reporterdasein der Welt fehlt mir einfach – eine Freundin. Bedenkenlos würde ich alles andere dafür hergeben, das wird mir nun klar. Aber bravo, diese Zeit des Ausprobierens, der Sorglosigkeit und des Liebelernens, von der die Alten mir dauernd erzählen, die habe ich gerade verstreichen lassen.

Kann ich das mit der Liebe jetzt überhaupt noch lernen?

GUTER RATSCHLAG

NR. 5

Glückskeks: »Du bekommst immer nur so viel Liebe, wie du selber für andere aufbringen kannst.«

DAS GLÜCK DER ANDEREN

Immerhin soll ich es in Polen noch auf ein Hochzeitsfoto schaffen. Nur werde ich das nicht meinen Enkeln zeigen können. Also, falls ich mal Enkel habe.

Mit Hochzeitsfoto meine ich übrigens nicht das Gruppenfoto, auf das alle dürfen, sogar noch die buckligste Verwandtschaft. Auch Tante Elisabeth, die in Polen Elżbieta heißt, mit ihrem Neuen, der zu viel trinkt und so viele peinliche Witze reißt, bis er von der übrigen Hochzeitsgesellschaft gemieden wird, außer von Tante Elżbieta, natürlich. Nein, ich meine DAS Hochzeitsfoto: das zu Hochglanz ausbelichtete Glück, mit Blende 8 eingefangenes Versprechen für die Ewigkeit, Ausdruck höchster Fotografiekunst, Beweisstück des schönsten Tags im Leben, das im Format 20 mal 30 silbern gerahmt bis in alle Ewigkeit auf einer Häkeldecke vor sich hin gilben darf. Für gewöhnlich schauen von so einem Hochzeitsfoto ins Wohnzimmer: ein Bräutigam in Schwarz, eine Braut in Weiß, eine Landschaft in Grün. Von diesem Hochzeitsfoto allerdings, das auf einer Häkeldecke in Krakau steht, schaue außerdem ich. Allerdings weder als Bräutigam noch als Braut noch als Landschaft.

Das Foto entsteht an einem Sommertag, der sich in den Oktober verlaufen hat, der letzte Sommertag des

Jahres 2001. Erst vier Wochen zuvor war in Amerika jene Frage geboren worden, die noch auf viele Jahre jede müde Unterhaltung in Gang bringen sollte: Wo warst du am 11. September? Ich war bei Frau Halina. An diesem Tag stand ich bei der alten Dame in der Wohnstube und sollte die Gardinen abnehmen. Gerade als ich loslegen wollte, es war nachmittags gegen halb vier, klingelte das Telefon. Eine Freundin war dran, Frau Halina solle den Fernseher einschalten, ganz egal welchen Sender. Die Gardinen blieben an diesem Tag dran.

An besagtem letzten Sommertag, rund vier Wochen später, habe ich frei. Auch Katharina hat frei. Eigentlich hatten wir gemeinsam einen Ausflug machen wollen, aber sie hat mir in letzter Minute abgesagt. Dann fliege ich eben allein aus!, beschließe ich, an so einem schönen Tag möchte ich nicht zu Hause sitzen. Ich besteige am Krakauer Busbahnhof einen Klapperbus der Marke Ikarus und kurve darin eine geschlagene Stunde durch die Pampa. Gerade als ich vom Klappern und Schaukeln einnicken will, muss ich aussteigen: Endstation im Nirgendwo. Die Sonne scheint, auch die Wolken haben frei, die Grillen machen Radau, das Grün wuchert, ein paar Häuser dösen, die Landschaft hügelt sich dahin. Von Menschen weit und breit nichts zu sehen. Eine Straße führt mit mir als einzigem Verkehr vom Nirgendwo weiter, vorbei an einem Wäldchen und einer improvisierten Müllhalde. Nach einer Stunde Fußmarsch erreichen die Straße und ich das Ausflugsziel, Kloster Tyniec.

Gelangweilt fläzt das Kloster auf einem Felsen, unter dem der Fluss Weichsel vorbei mäandert. Eine malerische Szenerie. Nur kann ich leider nicht malen, und auch sonst weiß ich nicht so recht was mit mir anzufangen:

Das Kloster, immerhin offizielle Sehenswürdigkeit des Krakauer Umlandes und in amtlichen Reiseführern als Ausflugsziel angepriesen, hat geschlossen. Haben die Mönche Ruhetag, sind sie auf Betriebsausflug, wird hier gestreikt? Auch die Kirche darf man nicht betreten, hier findet gerade eine Trauung statt, geschlossene Gesellschaft. Ich stecke nur meine Nase hinein, ziehe dann aber die Kirchentür lieber schnell wieder hinter mir zu.

Da bin ich also, habe einen Nachmittag vor und die Sonne über mir – aber nichts zu tun. Also setze ich mich mitten hinein in die Idylle, auf ein Mäuerchen mit Blick über Kirche, Fluss und Hinterland. Ich zücke Stift und Kladde, die ich immer dabei habe, und fange an, mir schwermütige Gedanken von der Seele zu kritzeln: über Katharina und die Liebe und das Leben. Ich schaue und schreibe, schreibe und schaue, mehr gibt es nicht zu tun, aber mehr brauche ich nicht. Ich fühle mich poetisch. Irgendwann ist der Gottesdienst vorbei, die Hochzeitsgesellschaft strömt mit Hallo und Hurra aus der Kirche auf den Vorplatz und beginnt zu feiern. Reis rieselt, Sekt schäumt, Hochzeitsgäste reihen sich auf zum Gratulieren, Kinder flitzen übers Gelände, stolpern, fallen hin, schlagen sich die Anzughosen auf, plärren los, werden hochgenommen und getröstet. Die poetische Stimmung geht die Weichsel hinunter.

Genervt, wie nur ein Deutscher im Ausland es sein kann, beäuge ich das Treiben. Die Gesellschaft sortiert sich unterdessen zum Gruppenfoto mit Tante Elżbieta. Und schließlich kommt, was kommen muss: Braut, Bräutigam und Fotograf machen sich auf die Suche nach dem Motiv fürs wichtigste Foto des Tages.

Der Fotograf versteht sein Handwerk, zielsicher dirigiert er das Brautpaar vor den schönen Ausblick mit dem Hinterland. Nur eines stört noch im Bild: ich. Doch was geht mich das an? Soll ich mich davon etwa stören lassen? Kein bisschen, im Gegenteil, ich bleibe sitzen. In mir blubbert wonnewohliges Rachegelüst empor. Das geschieht euch recht!, frohlocke ich innerlich, natürlich ohne es mir anmerken zu lassen. In die Kirche habt ihr mich nicht lassen wollen, meine poetische Stimmung habt ihr verjagt, mit eurem Glück springt ihr auf meinen Nerven Trampolin – warum sollte ich nun, bitteschön, noch so nett sein, freiwillig aus eurem Motiv zu verschwinden? Fragt mich doch, wenn ihr was wollt! Kommt nur her!

So denke ich und bleibe hocken wie ein verbockter Esel. Mit einem Eifer bekritzele ich meine Kladde, als bemerkte ich nichts und niemanden um mich herum, als hätte ich gerade hemmungslos mit der Muse geknutscht und müsste dringend eine Ballade zu Papier bringen.

Die deutsche und die polnische Mentalität, hier kommen sie nicht zusammen. Die Deutschen wollen es direkt und konkret ins Gesicht. Du willst was? Komm doch her und frag mich! Die Polen hingegen meiden solche direkten Konfrontationen, wo immer es geht. Man spricht mehr zwischen den Zeilen und versteht sich. Der Umgangston ist feiner, man achtet aufeinander, nimmt Rücksicht. Ein Pole an meiner Stelle wäre keine drei Sekunden sitzengeblieben. Hochzeitsfotograf und Brautpaar versuchen noch eine Weile aus der Ferne, mich mit vereinten Blicken aus dem Bild zu komplimentieren, vergeblich.

Ich bleibe stur und bewege mich keinen Zentimeter von da weg. Bis sie irgendwann – nicht etwa näherkommen und nachfragen, sondern aufgeben. Und trotzdem fotografieren.

Dumm nur, dass offenbar auch in Polen das geflügelte Wort gilt, wonach man sich im Leben immer mindestens zweimal sieht.

Monate später gehe ich mit Katharina ins Kino. Gerade ist sie auf Toilette, ich nuckele unterdessen am Strohhalm meiner Limo und warte auf sie und den Einlass. Da baut sich ein Mann vor mir auf: Ob ich ihn erkenne? Tut mir leid, sage ich, könne mich beim besten Willen nicht erinnern, bedaure, aber noch nie gesehen. Er deutet auf eine Frau in der Nähe, die mir zuwinkt. Seine Frau, erklärt er. Jeden Tag würden sie mich sehen, seit bald einem halben Jahr, in ihrem Wohnzimmer. Er sagt das lächelnd und in einem Ton, der vielleicht vertraulich klingen soll, mir aber macht er Angst. Weil er sieht, dass ich immer noch nicht kapiere, hilft er meinem Gedächtnis gnädig auf die Sprünge: Kloster Tyniec, vergangenen Herbst, das Hochzeitsfoto! Da weiß ich wieder. Mir wird heiß und kalt, erst abwechselnd, dann gleichzeitig. Ich stammle vor mich hin, was mein Polnisch an Floskeln hergibt: schönes Wetter damals, was für ein hübsches Brautpaar sie gewesen seien, das Kloster Tyniec sicher ein traumhafter Ort zum Heiraten, und ähnliches mehr. Zum Glück kehrt nun Katharina von der Toilette zurück, und bevor ich eine neue Freundschaft schließe, öffnet sich auch die Tür zum Kinosaal – gerettet!

»Wer war das denn?«, will Katharina noch vor dem Film wissen.

Ich will die Geschichte gar nicht erzählen, aber sie besteht darauf. Katharina lacht mich für meine Sturheit aus. Sie hat natürlich recht.

Das Glück der anderen ist manchmal ebenso schwer auszuhalten wie das eigene Unglück. Nichts als purer

Neid ist schuld daran, dass ich auf dem Mäuerchen sitzenbleibe. Von Herzen missgönne ich dem Brautpaar sein Glück, weil ich frustriert darüber bin, mein eigenes nicht finden zu können. Es kommt mir ungerecht vor, dass andere ungeniert feiern. Aber es braucht gar keine Hochzeit, um mich zur misanthropen Hochform auflaufen zu lassen. Das Glück der anderen kommt ja meistens viel unscheinbarer daher, alltäglicher. Das rhythmische Rumpeln der Obermieter, die beim Matratzensport ihr Bett durch die Wohnung wuchten. Der Freund der Mitbewohnerin, der als Dauergast in die WG einzieht und morgens mit ihr und nacktem Oberkörper wie selbstverständlich in der Küche sitzt. Ich kann mir nicht helfen, aber manchmal empfinde ich die normalsten Dinge als rücksichtslos, dabei weiß ich, dass sie mit mir nichts zu tun haben. Müssen sie das unbedingt vor aller Augen machen?, denke ich, obwohl mir klar ist: Nicht, dass die anderen vor meinen Augen verliebt sind, ist das Problem, sondern dass ich das nicht auch haben kann.

So verstärken manche Menschen um mich herum mit ihrem Glück mein Unglück, ohne davon nur zu ahnen und ganz sicher ohne es zu wollen. Und ich zahle es ihnen heim, indem ich mit dem Besen von unten an die Decke klopfe oder im Hochzeitsbild sitzenbleibe. Besser fühle ich mich dadurch nicht.

GUTER RATSCHLAG

NR. 6

Daniel: »Vielleicht suchst du nicht am richtigen Ort. Eine Freundin von mir war verzweifelt, weil sie immer von den falschen Typen angegraben wurde. Also hat sie überlegt: Was für einen Mann will ich, wo finde ich den? Dazu muss man wissen, sie liebt die Bilder eines zeitgenössischen Malers. Als der in der Nähe eine Ausstellung eröffnete, hat sie sich eine Dauerkarte gekauft, ist jeden Tag in die Ausstellung – und hat Männer angesprochen. Weil sie wusste: Alle hier können zumindest was mit dieser Kunst anfangen.«

Ich: »Und, hat sie jemanden gefunden?«

Daniel: »Nein.«

ZWEI SCHNELLE FÄLLE UND EIN LANGSAMER FALL

Eine Ansage im Klassik-Radio.

»Hören Sie nun die erste und einzige Aufführung der Sinfonie ›Schreibtisch am Fenster‹ Opus Nummer Einsam in des-illusioniert Moll für Solo-Wolfram, aufgeführt vom Stilleskämmerleinorchester München. Achten Sie auch besonders auf das dreimal in Variationen wiederkehrende Hauptthema der zehn Münchner Jahre: Blick vom Schreibtisch durch kunststoffgerahmte Doppelverglasung. Erster Satz: Blick auf Spielplatz. Zweiter Satz: Blick auf Tiefgaragenausfahrt. Dritter Satz: Blick auf bayerisches Familienministerium. Am Dirigentenpult steht der Komponist des Werks: das Schicksal.«

Stille. Eine Sinfonie, die aus nichts als Pausen besteht …

Aus dem Süden Polens verschlägt es mich für die nächsten zehn Jahre in den Süden Deutschlands, vom Zivildienst in Krakau ziehe ich direkt nach München zum Studieren.

Eine fixe Idee ist es, die mich hierherlockt, irgendwann in der zehnten Klasse hatte sie sich in meinem Kopf verhakt und war seither nicht mehr wegzubewegen: Du, Wolfram, studierst mal Philosophie! Aber, habe ich immer wieder versucht, mich selber auf andere Berufsideen zu bringen, Philosophie – was willst du denn damit anfangen! Wäre nicht vielleicht auch Medizin was für mich oder wenigstens Jura? Nein, die fixe Idee blieb stur, es musste unbedingt Philosophie sein! Leichtsinnig hatte ich in der zehnten Klasse angefangen, philosophische Bücher zu lesen. Das erste war von René Descartes und hieß »Abhandlung über die Methode des richtigen Vernunftgebrauchs«. Hätte ich es doch nicht nur gelesen, sondern auch ein bisschen verstanden – vielleicht hätte ich dann eine vernünftigere Studienwahl getroffen.

Warum München? Wegen Krakau.

Dort hatte ich mit Katharina manchmal den deutschen Gottesdienst besucht, in der Kirche der heiligen Barbara am Marktplatz. Dort lernte ich auch eine menschliche Seltenheit kennen, von dieser Sorte soll es fast niemanden mehr geben: einen jungen Jesuiten, der gerade beim dortigen Pfarrer ein Praktikum absolvierte, ein überaus netter Kerl aus Deutschland, mit dem ich mich ziemlich schnell anfreundete. Er war es, der mich auf München brachte, als ich ihm meine fixe Idee mit der Philosophie verriet: In München gebe es eine ganze Hochschule für Philosophie, einer der besten Orte weit und breit zum Philosophiestudieren. Ich bin angefixt, schreibe mich tatsächlich gleich nach dem Zivildienst an dieser Hochschule ein und muss im Laufe des Studiums noch viele philosophische Bücher lesen. Aber es dauert Jahre, bis ich einsehe, dass ich wenig zum Philosophen tauge, und dass der berühmte Aphoristiker Georg Christoph Lichtenberg schon recht hatte, als er feststellte: »Ein Buch ist ein Spiegel, wenn ein Affe hineinsieht, so kann kein Apostel herausgucken.«

Meine erste Münchner Wohnung hat 16 Quadratmeter und kostet 240 Euro warm. Das ist selbst damals schon günstig. Ich erwähne die Miete deshalb, weil in München eine Besonderheit gilt, wenn man jemanden kennenlernt: Da die Stadt im Ruf steht, ein schweineteures Pflaster zu sein, fragt man beim Kennenlern-Smalltalk nicht als erstes danach, was der andere studiert oder macht, sondern: Wo wohnst du, wie viel Quadratmeter, was zahlst du? Ich wohne die ersten zwei Jahre in einem Nachkriegs-Betonklotz im Schlachthofviertel, Einzelzimmer im ersten Stock mit Klo auf dem Gang und Dusche im Keller, mit knallblauem Teppich aus gewebter Alditüte, einem Kühlschrank mit Asthma und einer Spüle mit Kochplatte, auf der in Schichten die Fertigsuppen aller Vormieter eingebrannt sind. Das ganze Haus besteht ausschließlich aus solchen Einzelzimmern, Studenten wohnen hier, Auszubildende und einfache Arbeiter, man könnte von einem Wohnheim sprechen, wenn es nicht privat geführt wäre und profitabel sein müsste. Der letzte Anstrich im Treppenhaus muss 30 Jahre her sein, in Schimmelgrün. Eine Mietskaserne, Anonymität in den Nebenkosten inbegriffen. Mit keinem einzigen meiner Nachbarn wechsle ich je ein Wort, höchstens alle paar Wochen begegne ich wie aus Versehen mal einem von ihnen im Treppenhaus. Als stünde im Mietvertrag, wir Hausbewohner hätten jedes Mal zu warten, bis die Luft rein ist, bevor wir über den Flur huschen dürfen. Ich weiß bloß, dass neben mir eine junge Türkin wohnt, die immer früh raus muss und ihre Freude darüber großzügig teilt, indem sie morgens ihre Tür mit Schwung zuwirft. Meinen Nachbarn von zwei Etagen weiter oben bekomme ich heute vielleicht das dritte Mal zu Gesicht, dafür aber auch das letzte Mal.

Der Spielplatz vor meinem Fenster liegt brach, nur der Wind spielt mit der Schaukel, meine Schallschutzverglasung bekommt heute nichts zu tun. Der Sonntag hat seine Ödnis über meiner neuen Heimat ausgebreitet. Alle Läden sind zu, auch die Hochschule hat geschlossen, auf Straßen und Wegen darf höchstens gebummelt werden, das Leben läuft auf halber Kraft. Mir ist, als flössen Sonntage in Bayern besonders zäh dahin. Ich sitze am Schreibtisch vor meinem 19-Zoll-Monitormonster und klicke mich durch den Inhalt des Ordners »P«, der als Unterordner von »Bilder« längst der größte auf meiner Festplatte ist.

Ich masturbiere.

Ich könnte behaupten, daran sei die DDR schuld. Weil ich als Ostkind weder Kommunion noch Konfirmation mitmachen durfte, gehe ich ersatzhalber mit 14 zur Jugendweihe, ein sozialistischer Initiationsritus, der das Ende der DDR überlebt hat. Das Wichtigste daran ist mein Jugendweihegeschenk, ein Computer so groß wie ein Kühlschrank, aber immerhin mit Internet, das in schnarrenden Tönen durch die Telefonleitung tropft. Es dauert nicht lange, da stoße ich auf der AOL-Startseite auf die Rubrik namens Erotik. Schlagartig wird mir klar, wozu dieses Internet gut ist! Das wird inzwischen sogar im Broadway-Musical besungen: »Why you think the net was born? Porn! Porn! Porn!« Das mit der Schuld der DDR ist natürlich Quatsch. Auch ohne Jugendweihe hätte ein Junge wie ich, der in den Neunzigern aufwächst, nicht an Internetpornos vorbeikommen können. Wo ein Wille ist, da ist auch ein Internetzugang mit genügend Privatsphäre.

Laut Statistik sollen neun von zehn Männern masturbieren, während einer lügt. Natürlich ist Masturbation keine Sache von Singles. Wie wohl die meisten Jugendlichen, so entdecke ich mit der Masturbation neue Funktionen und Gefühle in meiner Körpermitte. Auch als Dauersingle habe ich durch sie das Gefühl, durchaus eine Sexualität zu haben, sei es auch allein. Jedenfalls probiere ich als Kind und Jugendlicher fröhlich aus, was mir in den Sinn kommt, und denke mir nicht viel dabei. Das Spielerische verliert sich in den Zwanzigern, als aus Neugier Gewohnheit wird, als Experimentierfreude und Lust immer mehr Langeweile, Routine und Frust weichen. Manchmal, mittendrin, schlägt die Erkenntnis ein, dass da auf meinen Bildern ja wirklich zwei miteinander Sex haben, während ich davorhocke und bestenfalls noch einen dürftigen Schatten davon erlebe. Davon lässt sich wirklich jede Lust in die Flucht schlagen.

Wäre es möglich, dass ich mich an die Pornos verschwende, dass ich irgendwann so viel Zeit als Bewohner meines Kopfkinos verbringe, dass ich darüber ein wenig den Antrieb verliere, es auch mal in der Realität zu versuchen?

Es wird dunkel vorm Fenster, ganz kurz nur, für einen halben Augenblick, als habe das Fenster geblinzelt. Ein Schatten ist vorübergeflogen, von oben nach unten, ich kann ihn nur aus den Augenwinkeln sehen, er ist schnell, zu schnell – als ich hinsehe, ist er schon wieder vorbei. Ein Blumentopf war das nicht. Vielleicht eine Decke, die jemand oben aus dem Fenster gehängt hat? Aber die wäre langsamer gefallen, anders. Mir wird schlecht. Ich ahne, was das gewesen sein könnte. Nicht was, wer. Größe, Falltempo, Form: Man erkennt es, auch wenn man es noch nie gesehen hat. Einen Aufprall habe ich nicht gehört, auch keinen Schrei, aber vielleicht ist das nur wieder so ein Filmklischee. Es ist still. Ich sitze da, ein paar Sekunden vielleicht, aber sie dehnen sich, die Zeit trommelt ungeduldig mit Fingern auf meinem Schreibtisch und will, dass ich nachsehe. Ich will nicht, ich habe Angst. Vielleicht hab ich mir das eingebildet? »Nun mach schon, ich hab nicht den ganzen Tag Zeit!«, drängelt die Zeit. Vorsorglich greife ich zum Schnurlostelefon und tippe 110 ein, wer weiß, ob ich dazu gleich noch in der Lage bin, halte den Daumen auf der Wahltaste und gehe ans Fenster. Bitte, lass es eine nasse Decke gewesen sein, ein lebensgroßes Kuscheltier oder irgendwas anderes! Bloß nicht …

Mein Nachbar, der die 16 Quadratmeter zwei Stockwerke über mir bewohnt, liegt auf dem Gehweg. Er liegt auf dem Rücken, mit dem Gesicht nach oben, ganz geordnet, als habe er sich dort hingelegt. Ich erinnere mich an sein rundliches, sanftes Langzeitstudentengesicht. Im Haus gehört er zu den Älteren, sicher fünfzehn, zwanzig Jahre älter als ich, seine braune Prinz-Eisenherz-Frisur liegt wie ein Kranz um seinen Kopf aufgefächert. Er rührt sich nicht. Blut ist keins zu sehen. Das Anrufen kann ich mir sparen, neben ihm kniet schon ein Passant und fängt an, in sein Handy zu schreien. Mein Nachbar hat die Augen geöffnet, kerzengerade blickt er nach oben, mir ist, als blicke er mich an. Er lebt. Und wird seinen Selbstmordversuch überleben, der dritte Stock war nicht hoch genug.

Ein großer Teil meiner Zeit in München kommt mir vor wie ein langer, langsamer Fall ins Bodenlose, aber vielleicht habe ich einfach Glück, dass er nicht hart auf einem

Gehweg endet. Eigentlich brauche ich nicht mal aus dem Fenster zu springen, auch wenn mir manchmal danach sein mag, es reicht, sitzen zu bleiben, am Schreibtisch, vorm Computer. So einen langsamen Fall kann man Jammertal nennen, Selbstmitleid, Depression, Sucht, Resignation, Rückzug – es gibt viele Namen dafür. Mit meinem Rucksack an Selbstzweifeln und Sehnsüchten bin ich an einem Ort gelandet, der mir nicht gut tut, in der Anonymität einer Großstadt. Zwar finde ich auch hier neue Freunde, aber ich komme trotzdem nicht an, werde nie wirklich heimisch hier. Was ich nicht finden kann, ist ein Freundeskreis, eine Clique, ein soziales Umfeld für meinen Alltag. Zu viele Wochenenden, Semesterferien und Abende verbringe ich mit mir allein, verheddere mich im Internet, das Sex und Unterhaltung und Nähe simuliert. In manchen Wochen ist die Kassiererin im Supermarkt der einzige Mensch, mit dem ich spreche.

Warum bleibe ich so lange?

Irgendwie stecke ich fest, ich komme nicht los, obwohl ich möchte. Äußere Gründe, um mich nicht losreißen und nichts verändern zu müssen, finden sich immer: Ich verlängere mein Philosophiestudium, fange parallel dazu eine Journalistenausbildung an, mache Praktika bei Radio und Fernsehen, jobbe beim Studentenradio. Und schließe jeden Abend die Tür zu einer leeren Wohnung auf. Äußerlich ist irgendwie immer was los, aber innerlich fühlt es sich wie Wüste an, da bewegt sich nichts. Selbst in so einem Jammertal kann man es sich noch gemütlich machen. Auch wenn man besser nicht sollte.

Kein halbes Jahr nach dem Fenstersturz werde ich mitten in der Nacht wach, es muss zwischen drei und vier sein und ist taghell im Zimmer. Was ist passiert? Ich hangele mich vom Hochbett und schlurfe verpennt ans Fenster, vor dem ein Feuerwehrauto parkt und seine Flutlicht-Scheinwerfer ausgefahren hat. Ein Unfallort wird ausgeleuchtet. Ein paar Meter weiter links hantieren Sanitäter und Notarzt an einem Körper, einer hält einen Infusionsbeutel hoch, Verpackungen liegen verstreut auf dem Boden, Spritzenhüllen, Ampullen, Verbandszeug. Irgendwann hören die Retter mit Hantieren auf und ziehen eine Wärmedecke über den leblosen Körper. Ein anderer Nachbar liegt dort, aus dem vierten Stock. Ihm glückt, woran sein Vorspringer gescheitert ist: Er stirbt.

Am nächsten Morgen, als ich mich in die Hochschule aufmache, schrubbt ein Tatortreiniger im hellgrauen Overall Blut von den Gehwegplatten.

Jetzt hast du zwei Möglichkeiten, denke ich: Entweder ziehst du nach oben, da muss ja im vierten Stock gerade eine Wohnung frei geworden sein, dann kannst du auch springen, wenn nötig. Oder du kommst möglichst bald hier raus und irgendwie unter Menschen.

Etwas später ziehe ich in eine WG mit sieben Mitbewohnern.

GUTER RATSCHLAG

NR. 7

Franziska: »Hast du es mal übers Internet versucht? Es gibt so eine kostenlose neue Seite, die soll gar nicht schlecht sein. Ich kenne welche, die haben sich da auch angemeldet.«

DER SCHÖNE IGNATZ UND DAS ONLINEDATING

Seit zwei Tagen starrt mir dieser Kerl ins Zimmer. Ein gutaussehender Typ, das erkenne sogar ich. Typ Öko-Großstadtabenteurer. Braune Haare, braune Augen, Fünftagebart auf gebräunter Haut, aber nicht kackbraun wie vom Ballermann, sondern kulturbraun vom Wellnesswochenende mit Höhensonnen-Yoga. So ein Wochenende kann er sich leisten, er trägt hellgrauen Kaschmirpulli so selbstverständlich wie andere Leute Jogginganzug. Er lächelt leise das Lächeln jener Männer, die wissen, dass ihnen die Frauen im Vorübergehen verfallen. »Erzähl mir nicht, wie gut ich aussehe«, säuselt sein Lächeln. Ich fühle mich belächelt. Aus Rache nenne ich ihn Ignatz.

Auch wenn der schöne Ignatz gar nicht aufhören will, in mein Zimmer zu starren, eine Beschwerde über ihn wäre wohl aussichtslos. Er klebt gegenüber auf einer Plakatwand, die locker dreimal so viele Quadratmeter hat wie mein Zimmer. Bis vor drei Tagen hing an dieser Stelle noch eine Kleinfamilie, Vater, Mutter, Kind. Die mochte ich, die waren mit sich und Glücklichsein beschäftigt, so glücklich man nur aussehen kann, wenn man eine gute Versicherung hat.

Ignatz hingegen glotzt und wirbt für Onlinedating.

»Seht her«, posaunt er von seinem Plakat herunter, sogar nachts, da beleuchtet, »selbst ein hübscher Kerl wie ich sucht heute sein Glück im Internet. Onlinedating ist nicht mehr schmuddelig, im Gegenteil, das ist bequem, das macht jetzt jeder! Meld dich nur an, dann kannst auch du bald so zufrieden lächeln wie ich!«

Ich habe den Marketingfuzzi förmlich vor Augen, der sich dieses Plakat ausgedacht hat, wie er im rückenfreundlichen Bürosessel wippt, auf einem Stift kaut (das, hat er in einem Kreativseminar gelernt, fördert zum Speichel- auch den Ideenfluss) und für seinen Abteilungsleiter einen Satz ins Konzept tippt, so einen Marketingsatz: »Onlinedating ist in der Mitte der Gesellschaft angekommen.« Anschließend wird Ignatz unter 50 Männermodels zum Repräsentanten dieser Mitte auserkoren, und nun glotzt der also bei mir rein. Freunde werden wir nicht.

Das Plakat kommt ohnehin viel zu spät. Mit Sicherheit gehöre ich nicht einmal zur Zielgruppe, ich besitze keinen einzigen Kaschmirpulli, einen Jogginganzug hingegen schon.

Ich war schon beim Onlinedating angemeldet, da wurde lange noch nicht dafür plakatiert, es war in keiner Mitte angekommen, es stand noch abseits in der Schmuddelecke des Internets und rauchte selbstgedrehte Zigaretten mit den Kumpels von den Erotikseiten.

Es muss 2001 gewesen sein, als ich mich zum ersten Mal angemeldet habe. Da wohne ich noch als Zivi in Polen, und gerade herrscht hier Krieg. Neben mir fallen Schüsse, sinken Menschen getroffen zu Boden, schlagen Kugeln ein, fliegen Granaten in die Luft, Menschen werden aufgeschlitzt und hinterrücks erknüppelt. Trotzdem fühle ich mich sicher. Ich sitze im Halbdunkel einer Höhle, die sich Internetcafé nennt, die Wand ist nur homöopathisch mit Putz bedeckt, in der Luft stehen Schlieren von Zigarettenrauch, und sicher würde sich niemand wundern, wenn es auch noch von der Decke tropfte. 20 halbstarke Höhlenbewohner hocken vor 20 Bildschirmen, Kapuzen und Kopfhörer über ihre Köpfe gezogen. Es riecht nach Schweiß, heißer Elektronik und kalter Asche. Tasten klappern, Kommandos fallen. Die Jungs sind tief in einer düsteren Computerspielwelt namens Counter-Strike versunken, einem Kriegsspiel, bei dem man sich entscheiden muss, für wen man kämpfen möchte: für Gut oder Böse, als Polizist gegen die Terroristen oder andersrum. Vor 9/11 sind beide Seiten noch gleich attraktiv.

Ein sehr dicker Mann hinterm Tresen hat mir einen der letzten freien Rechner zugewiesen, vier Złoty die Stunde, minutengenaue Abrechnung. Die beiden Terroristen, zwischen die ich mich setze, rennen, suchen Deckung hinter Mauern, zielen, drücken ab – ich setze darauf, dass die mich gar nicht richtig wahrnehmen. Ich ziehe meinen Bildschirm näher an mich heran, öffne die Partnerbörse, linse ein letztes Mal nach links und rechts, ob ich auch wirklich unbeobachtet bin, und klicke: »Anmelden«.

Flirtname. Eine delikate Angelegenheit. Es fällt mir schwer, inmitten von Kalaschnikowknattern und Granatenknallen kreativ zu werden. Ich muss so lange grübeln, dass in der Zwischenzeit mehrmals neben mir gestorben und wiederauferstanden wird. Schließlich entscheide ich mich für einen Held meiner Jugend, immerhin war ich mal ziemlich stolz darauf, dass ich beide Augenbrauen so schön hochziehen kann wie er. Der muss einfach gut ankommen bei den Mädels. Ich tippe: »Spock«. Enter.

»Flirtname schon vergeben.«

Verdammt. Auch Spocky, Spock81, MrSpock, Spock-Boy, Spockyboy, Youngspock – alles weg und vergeben. Nun fällt mir nichts mehr ein und ich akzeptiere, was mir vom System vorgeschlagen wird. Also heiße ich CoolSpock81. Das hatte ich mir anders vorgestellt.

Profildaten. Das sollte einfacher sein. Männlich, 21 Jahre alt, 1,80 Meter, blond, blaue Augen, heterosexuell, interessiert an Frauen von 16 bis, sagen wir mal, 24, keine bevorzugte Haarfarbe, keine bevorzugte Hautfarbe. Was suche ich: eine ernste Beziehung, einen leichten Flirt oder doch eher ein Abenteuer für eine Nacht? Ich kreuze alle drei Möglichkeiten an. Das System schluckt meine Eingaben klaglos. Beim Gewicht stocke ich. Bei der Wahrheit bleiben oder doch besser ganz weglassen? Vielleicht, denke ich mir, ist es verdächtig, wenn ich ausgerechnet hier keine Angabe mache. Also schreibe ich es hin, lasse aber vorsichtshalber 15 Kilo weg. Die will ich eh loswerden. Fehlt noch ein Bild. Der Computer frisst schnarrend meine Diskette, inklusive der Brötchenkrümel aus dem Rucksack. Ich lade ein Selbstporträt hoch, das ich eigens für diesen Zweck von mir geschossen habe, mit Stativ und Blitzlicht, in der Drogerie entwickelt, auf dem Flachbettscanner mit Fettfingerabdruck eingescannt. Ich, mit Bürstenhaarschnitt im blauen Kurzarmhemd auf dem Bett sitzend und in die Kamera grinsend. Ein Selfie in achtzehn Arbeitsschritten.

Das Portal ist wie eine Pinnwand aufgebaut, ich muss Einträge verfassen und hoffen, dass ein Mädchen mich anschreibt. Weil minütlich neue Einträge nachkommen, rutscht meine Annonce ziemlich schnell aus dem Blick.

Um im Spiel zu bleiben, muss ich dauernd neue Annoncen verfassen, am besten mehrmals täglich. Immerhin lerne ich dabei die Tastenkombinationen für Kopieren und Einfügen, nur der Erfolg lässt auf sich warten. Niemand scheint CoolSpock81 kennenlernen zu wollen. Liegt es doch am Namen?

So leicht gebe ich mich nicht geschlagen. In einem See fischen reicht offenbar nicht, ich erweitere mein Fanggebiet und werfe auch bei der nächsten kostenlosen Plattform meine Netze aus. Ich experimentiere mit Namen, Fotos und Profil. Hier gibt es Chatrooms zu verschiedenen Themen. Flirt, Sex, Alltag, Hobby. Ich logge mich ein und lese erst mal lange mit, bevor ich irgendwann Mädchen anchatte, oder jedenfalls solche, die sich dafür ausgeben. Siehe da: Schon klappt es besser.

Mein erstes Date habe ich aber erst, als ich nach München ziehe. Sie heißt DarkQueenXX. Wir haben uns am Münchner U-Bahn-Ausgang Universität verabredet, gleich gegenüber vom Obststand. Es ist brüllend heiß, ich trage mein bestes kariertes Hemd über meiner besten Cargohose und bin vor lauter Aufregung zehn Minuten zu früh. Das passiert mir sonst nie! Schon jetzt bin ich nassgeschwitzt. Ist sie das?, hoffe ich bei jedem Mädchen, das die Rolltreppe der U-Bahn hochgefahren kommt. Eine eilige Brünette im Blumenkleid mit gigantischer Umhängetasche. Eine sportliche Kurzhaarige mit Sonnenbrille und hautengem Oberteil. Ein verträumter Lockenkopf im Streifenshirt mit Kaffeebecher. Alle schauen mich groß an, gehen aber vorbei. Ich fühle mich ertappt. Als drückte ich mich vorm Sex-Shop herum und traute mich nicht hinein, aus Angst, jemand könnte mich dabei sehen. Trotzdem wissen alle irgendwie Bescheid. Ist mir das Blind Date etwa anzusehen? Blind komme ich mir tatsächlich vor, ich habe nämlich keine Ahnung, auf wen ich eigentlich warte, wie die dunkle Königin aussehen mag. Von ihrem Profilfoto kenne ich bloß dunkel geschminkte Augen. »Ich finde dich«, hatte sie geschrieben, als ich nach einem aussagekräftigeren Foto gefragt hatte.

Seit zwei Wochen schreiben wir uns. Sie findet meine Witze lustig. Allein dafür möchte ich sie heiraten.

»Hallo, ich bin Pia.« Vor mir wird es schwarz. Ein Mädchen steht da und streckt mir die Hand hin, schaut mich dabei aber nicht an, sondern knapp an mir vorbei. Alles an ihr ist schwarz. Der Rock, der Ledermantel (es sind weit über 30 Grad!), der Nasenring, die Haare, die Fingernägel. Ein schwarzer Lederrucksack mit silbernem Klimbim baumelt ihr in Höhe des Hinterns am Rücken. Pia hasst mich, von der ersten Sekunde an, da bin ich mir sicher. Nicht ein einziges Mal sieht sie mich an, wenn sie mit mir spricht.

Aus meinem Mund purzeln die Sätze wie von allein.

»Wie schön, dass es geklappt hat! Auch so kurzfristig. Geht's dir gut? Ist das auch deine erste Verabredung übers Internet? Wollen wir ins Atzinger gehen? Das ist wirklich nett und gleich um die Ecke.«

Mein Kopf denkt währenddessen nur eins: Ich will weg!

In der Studentenkneipe Atzinger sitzen wir uns bei einem kleinen Bier am wuchtigen Wirtshaustisch gegenüber. Was ich auch sage, Pia widerspricht. Hätte ich gesagt, der Himmel ist blau und das Bier ist gelb, garantiert wäre sie anderer Meinung gewesen. Und hätte dabei konsequent an mir vorbeigesehen. Eigentlich bestelle ich nie kleine Biere, aber wenn der auf der Karte gestanden hätte, ich hätte sogar einen Fingerhut bestellt, um diese Tortur nicht zu verlängern. Hier erlebe ich einen Moment, wie ihn Einstein in seiner Relativitätstheorie beschreibt. Die Relativität sei nichts anderes, hat er angeblich seiner Sekretärin erklärt, als säße man entweder auf einer heißen Herdplatte oder bei einem schönen Mädchen. Auf der Herdplatte wird eine Minute zur Stunde, beim Mädchen hingegen wird eine Stunde zur Minute. Aber Einstein hat Pia nicht gekannt. Ich sitze diesem Mädchen gegenüber wie auf einer Herdplatte, die relativistischen Effekte heben sich auf oder verdoppeln sich, so genau kann ich das nicht sagen, jedenfalls trinke ich verzweifelt an meinem kleinen Bier und höre zu, wie mir Pia widerspricht.

Dass dieses Bier, obwohl klein, dennoch so lange dauern kann, geht über alle Erklärbarkeit der Physik. Dabei hatten wir nichts anderes falsch gemacht, als Dating-Grundgesetz Nummer eins zu verletzen: Schreib nicht zu viel. Was hatten wir uns geschrieben, erst bildschirmseitenlange Flirtmails, später hatten wir gechattet (kennt noch jemand ICQ?), hatten Tage und Nächte gemeinsam verbracht, jeder vor seinem eigenen Bildschirm, verbunden durch ein singendes Modem und die Illusion von Nähe, hatten uns Sätzchen und Smilies hin- und hergeschickt. Dabei, das ist der eigentliche Fehler, hatten wir uns den anderen in unserer Phantasie ausgemalt, in immer schillernderen Farben eines Traumprinzen und einer Traumprinzessin. Dem konnte keine Wirklichkeit standhalten.

Ich glaube, mit Onlinedating verhält es sich so ähnlich wie mit Bielefeld. Hartnäckig hält sich das Gerücht, diese Stadt existiere gar nicht, sei bloß das Produkt einer gigantischen Bielefeld-Verschwörung. Wer das Gegenteil behauptet, zum Beispiel, er sei schon mal dort gewesen oder kenne jemanden aus Bielefeld, der macht sich schon verdächtig, der muss Teil der Verschwörung sein, dem ist nicht zu trauen. (Demnach wäre übrigens auch mir nicht zu trauen, denn einmal habe ich mich in eine Bielefelderin verliebt, und die gibt es wirklich, davon habe ich mich überzeugen können.) Genauso ist das mit Paaren, die sich online kennengelernt haben. Es soll sie geben. Ich bin noch nie so einem Paar begegnet, und ich kenne auch niemanden, der je ein solches Paar kennengelernt hat. Trotzdem, seit Anbeginn des Onlinedatings geistern sie vom Hörensagen durch meinen Bekanntenkreis. Das glückliche Online-Paar ist der Yeti auf dem Anstieg zum Gipfel der Zweisamkeit.

Für die Anbieter des Onlinedatings ist dieses Erfolgspaar immens wichtig, immerhin heißt es nichts weniger als: Es kann klappen. Du musst dich nur anmelden und endlich zu suchen anfangen. Wenn es nicht klappt, was kann schon das Onlinedating dafür? Womöglich suchst du nicht richtig? Oder hast nicht genügend Geduld, hast einfach den Richtigen noch nicht gefunden? Dann such nur weiter!

Dahinter steht ein Versprechen, nämlich: dass es irgendwo diesen Richtigen, diese Richtige gibt. Bloß finden müssen wir sie, und das Suchen und Finden wollen uns die Onlinedating-Portale – nicht abnehmen, aber angeblich einfacher machen. Eine ganz simple Rechnung. Je größer der Heuhaufen, umso größer die Wahrscheinlichkeit, dass irgendwo auch eine Nadel daruntersteckt. Wenn nicht gar DIE Nadel. Wir sehen im Internet jemanden, der uns auf den ersten Blick gefällt, wir schreiben ihn an, und wenn alles gut läuft, verabreden wir uns.

Wenn der sich dann aber statt als Nadel doch wieder bloß als Strohhalm entpuppt, an den wir uns nicht klammern wollen, dann müssen wir nicht verzagen, sondern können einfach weiter suchen, immer weiter. Die Portale werben damit, wie viele Mitglieder sie haben. Je größer die Auswahl, desto besser (und teurer) das Flirtportal, denn umso größer die Chance auf den ersehnten Volltreffer. Hunderttausende oder gar Millionen, da muss der Richtige doch dabei sein!

Viel hilft viel: das Funktionsprinzip des Onlinedatings.

Der Mythos vom Erfolgspärchen hat sogar meine alte Freundin Karina rumgekriegt. Auch sie hat sich inzwischen angemeldet, dabei hat sie das immer vehement abgelehnt. »Vielleicht funktioniert es ja doch? Schaden kann es ja nicht. Ein Kollege hat mir gerade erst erzählt, seine Bekannte hätte da ihren Freund gefunden, und jetzt wollen die heiraten. Ich lerne ja sonst keine interessanten Männer mehr kennen. Die von der Arbeit kannst du alle vergessen. Wo sind denn bitte schön die guten Männer, wo?«

Unter Androhung der schmerzhaften Entfernung empfindlicher Körperteile musste ich Karina versprechen, dass ich bloß niemandem davon erzähle.

Viel hilft viel, und mehr hilft noch mehr. Inzwischen lasse ich mich auch nicht mehr auf ewiges Hin-und-her-Geschreibe ein, sondern frage bei Mindestsympathie sofort nach einer Verabredung. Ein Kaffee geht immer. Eigentlich vermeide ich inzwischen sogar krampfiges Gegenübersitzen in Cafés und Kneipen (Onlinedating-Grundgesetz Nummer zwei, das hatten wir ja schon), irgendwas Aktiveres ist mir lieber.

Die schwarzhaarige HappyTina85 »mag Kochen, Backen und kreative Dinge«, bei Nieselregen bummeln wir durch den Olympiapark und kriegen nasse Füße. Die brünette MiniKoala »mag Fernsehserien wie Lost und Desperate Housewives«, wir picknicken im Sonnenuntergang im Englischen Garten und kriegen Mückenstiche. Die blonde anita187 »sucht einen Mann, der weiß, was er will«, wir essen Weißwürste im Biergarten und kriegen einen Weißbierschwips. Die blondgelockte lilli_123 »geht gern aus, verbringt aber auch mal einen DVD-Abend auf dem Sofa«. Wir gehen ins Kino, kriegen für unseren Film aber keine Karten mehr und weichen notgedrungen auf »Stirb langsam 27« aus.

Ich glaube, was man so richtig machen kann beim Onlinedating, davon mache ich inzwischen das meiste schon richtig.

Zum Beispiel beim Äpfelchen, mit ihr läuft es eigentlich wie im Dating-Bilderbuch. Granny Smith nennt sie sich und heißt in Wirklichkeit Doreen. Vielleicht spielt der Heimatbonus eine Rolle, Doreen stammt wie ich aus Thüringen. Wir sind uns auf den ersten Klick sympathisch. Sie ist bodenständig, Verwaltungsangestellte mit Sommersprossen und Idealen. Quirlig und zielstrebig, ihre braunen Haare zum Pferdeschwanz gebändigt. Erst findet sie seltsam, wie ich so etwas Weltfremdes wie Philosophie studieren kann, aber später erzählt sie mir, dass sie sich so ein freies Studium insgeheim auch immer gewünscht hätte. Nur hat sie im Leben immer praktisch entscheiden müssen, das hieß dann eben auch: Ausbildung bei der Stadtverwaltung mit Übernahmegarantie statt Studium und Taxikarriere. Bei unserer ersten Verabredung löffeln wir Apfelkuchen mit Sahne im Parkcafé. Wir reden viel, so viel, dass der Kaffee kalt wird.

Wir verabreden uns wieder, diesmal zum Picknick an der Isar. Doreen bringt Kartoffelsalat mit, wie sie ihn von ihrer Oma gelernt hat. Ich habe Picknickdecke, Wein und Plastikbecher dabei, und mein Schweizer Taschenmesser mit Korkenzieher, das ich im Dunkeln beim Zusammenpacken verliere. Wir verabreden uns noch ein drittes Mal, unternehmen einen Fahrradausflug die Isar entlang, über Stock und Stein bis nach Freising, wo wir den Dom besichtigen wollen, aber vor verschlossener Tür stehen. Mit Kirchenbesichtigungen hab ich wenig Glück. Statt Rubensgemälde im Altar anzuschauen, arbeiten wir an der eigenen Rubensfigur und gehen Eis essen, Schwarzwaldbecher mit Schnapskirschen und Sahne.

Nach dieser dritten Verabredung ist irgendwie Schluss. Es geht nicht weiter. Dabei verstehen wir uns gar nicht schlecht. Warum bloß?

Inzwischen glaube ich, online kann man sich eigentlich nicht verlieben. Im Gegenteil, das Onlinedating scheint mir geradezu Verliebens-Verhinderung zu sein. Wir bekommen zwar das Gefühl vermittelt, furchtbar beschäftigt mit der Partnersuche zu sein, und dabei noch effizient. Wir klicken uns fröhlich durch die Profile, verabreden uns dann und wann, sitzen uns gegenüber und haken innerlich auf unserer Liste ab, was uns am anderen gefällt. Aber stimmt nur ein Detail nicht – dann kann es das schon gewesen sein. Auf Wiedersehen, der nächste bitte. Komische Stimme? Der nächste! Falscher Dialekt? Der nächste! Schlechter Körpergeruch? Der nächste! Dämlicher Humor? Der nächste! Mag keine Katzen? Der nächste! Der nächste! Der nächste!

Ich hätte mich mit Doreen vielleicht noch jahrelang

verabreden können, und nichts wäre passiert: Weil wir zu sehr drauf gelauert haben, dass endlich was passiert. Die Liebe ist ein scheues Reh, sie zeigt sich gerade dann nicht, wenn man ihr auflauert. Wer weiß. Hätten wir uns unter anderen Umständen kennengelernt, weniger zielstrebig: Was aus uns vielleicht hätte werden können?

Noch nicht ein einziges Mal habe ich mich in Eigenschaften verliebt. Immer in einen Menschen. Und wenn, dann mit allem drum und dran, mit Haut, Haaren und eben auch mit allen Haken. Beim Onlinedating allerdings können wir nichts anderes tun, als nach Eigenschaften Ausschau halten. Wir glauben zwar, wir suchen einen Menschen, in Wahrheit aber suchen wir eine Zutatenliste, ein menschliches Best-of. Wir sortieren potentielle Partner nach Aussehen, nach Wesen und Vorlieben, nach Ordnungssinn und Verhalten, nach guten und schlechten Seiten, nach Einkommen und nach wer weiß was noch alles. Je mehr davon übereinstimmt, so will man uns weismachen, desto besser passen wir zusammen. Liebe nach Excel-Tabelle.

Und die meisten sortieren wir aus, bevor wir sie überhaupt kennenlernen können. Oder werden selber aussortiert.

Wenn ich mich verliebt habe, und das ist mir pro Jahr bestimmt zweimal passiert, dann lief es eher andersherum. Eben noch war das bloß irgendein Mädchen. Aber plötzlich, ganz unerwartet, entdecke ich etwas, werde auf etwas aufmerksam. Ein winziges Detail, eine Geste vielleicht, wie sie lächelt, wie sie gedankenverloren in die Ferne schaut, ihren Arm tatenlustig in die Hüfte stemmt oder wie sie den Abwasch macht. Irgendetwas fängt meine Aufmerksamkeit und lässt mich genauer hinschauen. Zackbumm, schon habe ich mich verliebt. Die Liebe überrascht uns hinterrücks. Dass es dann nur partout nicht klappen will, ist natürlich eine andere Sache.

Und wie ist das nun mit diesen ominösen Online-Paaren? Natürlich gibt es sie – aber ich glaube, das passiert eher aus Versehen, dass sich wirklich mal zwei finden. Bestimmt nicht wegen des gezielten Verabredens, höchstens trotz. Es kann ja auch gar nicht gewollt sein. Die Portale verdienen schließlich nur Geld, solange wir allein sind. Sie halten uns beschäftigt und bei Laune, nähren unsere Hoffnung, schon der nächste könnte der richtige sein. Aber wirklich vermitteln wollen die uns nicht. Nur Singles bringen Geld.

»Alle elf Minuten verliebt sich ein Single«, steht als Slogan beim schönen Ignatz auf dem Plakat.

Alle elf Minuten? Wie lange soll es dann bitte schön dauern, bis ich mal an der Reihe bin? Wenn es überhaupt der Reihe nach geht, was ich nicht mal annehme, aber wer sagt denn, dass es stattdessen fair oder wenigstens dem Zufall nach zuginge, wie bei einem Liebes-Lotto? Bloß mal angenommen, es ginge doch der Reihe nach: Dann könnte ich lange warten. Wenn ich mich bei einer Million Mitglieder, die es allein in Deutschland geben soll, ganz hinten anstellen muss, dauert es rund 21 Jahre.

Und es steht wirklich so da: »… verliebt sich EIN Single«. Kein Wort davon, dass sich zwei ineinander verlieben, kein Wort von Gegenseitigkeit, von einem Liebespaar. Tut mir leid, Ignatz, aber damit kriegst du mich nicht. Onlinedating ist nichts für jemanden wie mich.

Solange du da noch hängst und in mein Zimmer glotzt, bleibt meine Gardine jedenfalls zu.

GUTER RATSCHLAG

NR. 8

Stefan: »Du solltest lieber anfangen, dein Leben zu leben, statt ewig auf eine Frau zu warten. Ob es dir gutgeht, hängt doch nicht davon ab, ob du eine Freundin hast. Mit Rumsitzen und Warten findest du jedenfalls keine!«

DIE ANDERE MÖGLICHKEIT

Im großen Glücks-Legokasten ist die Liebe zweifellos der tragende Baustein, so was wie Bodenplatte und Dachbalken gleichzeitig. Dumm also, wenn ausgerechnet sie fehlt, man sollte das irgendwo reklamieren können! Wie soll ich denn, bitteschön, die restlichen Steine zu einem halbwegs sinnvollen Leben zusammenstöpseln? Wovon wird es zusammengehalten? Und womit stopfe ich die Lücken, damit es nicht dauernd irgendwo zieht oder reintropft? Mit Freundschaften, mit Familie, mit Arbeit, Hobby und/oder Hund? (Nichtzutreffendes bitte streichen, Fehlendes ergänzen …) Ich kenne genug Leute, die das versuchen, auch mich kann ich da nicht ausnehmen. Nur konnte ich bei allen Versuchen nie ganz die Sorge ausräumen, ob mir mein Leben nicht doch irgendwann um die Ohren fliegt.

Wenn sie fehlt, dann fehlt sie.

Geht es also gar nicht ohne, ist Liebe einfach unersetzlich und unverzichtbar? Wie soll es dann weitergehen, wenn es noch länger so weitergeht: Wenn sich auch die nächsten zwei, drei, fünf, zehn oder zwanzig Jahre niemand findet? Was fange ich in der Zwischenzeit an? Fragen, die sich einem wie Felsbrocken in den Weg legen können.

In meinen düstersten Zeiten, so Anfang bis Mitte der Zwanziger, hätte ich auf solche Fragen vielleicht eine drastische Antwort gegeben: Wenn ich wirklich noch zehn Jahre oder länger warten soll, dann kann ich es eigentlich auch gleich bleiben lassen, dann sollte ich lieber auf der Stelle Schluss machen. Zehn Jahre Leben mit ohne, wo soll denn da der Sinn stecken? Was ist ein junger Kerl ohne Liebe? Aus so einer Antwort hätte man vor allem meine Verbitterung herausgehört, meine Ungeduld, und dass ich stinksauer auf das Schicksal bin: »Also, wenn es nicht bald klappt, später will ich auch nicht mehr!« Mit so einer Antwort hätte ich mich nur noch ein bisschen mehr im Selbstmitleid eingemauert, dabei wollte ich eigentlich nur ausdrücken, wie sehr ich die Liebe vermisse. Aber herbeivermissen lässt sie sich eben nicht.

Ein Hoch also auf die Verschwiegenheit der Zukunft, die sich nicht in die Karten schauen lässt, so sehr wir sie auch darum bitten. Ihre Verschwiegenheit rettet höchstwahrscheinlich Leben.

Ausgerechnet in einer Nacht in Nordspanien lugt noch eine andere Antwort um die Ecke, allerdings um eine unerwartete Ecke, sie überrascht mich hinterrücks. Wenn ich da bisher mal dran gedacht hab, dann höchstens im Scherz, aber ernsthaft: Kann es eine Möglichkeit geben, Liebe und Beziehung zu finden, selbst wenn ich keine Frau finden kann?

Mit einer ganzen Busladung junger Deutscher bin ich auf dem Weg zum Weltjugendtag, dem internationalen Stelldichein junger Katholiken, das in diesem Jahr in Madrid stattfindet. Von manchen wird es, nur halb im

Scherz, auch weltgrößte christliche Partnerbörse genannt. Noch sind wir nicht in Madrid angekommen, noch kampieren wir auf Isomatten in einer Turnhalle in der kleinen baskischen Stadt Loyola, dem Geburtsort des Jesuitengründers Ignatius. Arglos habe ich mich hier in den Abendgottesdienst gesetzt und bin hinterher einfach sitzen geblieben. Jetzt sitze ich schon die halbe Nacht in der Kirchenbank, seit wie vielen Stunden, kann ich nicht sagen, mein Zeitgefühl muss mir aus der Tasche gerutscht sein. Bis auf letzte Kerzen im Altar ist es kathedralenduster. Vorhin hat ein Gitarrenspieler Töne in den Raum gezupft und die Ruhe damit betont, aber jetzt klingt gar nichts mehr, Kirchenstille tost im Raum. Ich mache nichts, denke nichts, sitze nur da, halte meine Augen geschlossen und atme. Unter anderen Umständen würde ich sicher einnicken, aber davon bin ich weit entfernt: In mir ist Gefühlsdisko! Auf der Kirchenbank hat sich in aller Stille etwas eingeschlichen, hat sich in mir zum Fragezeichen aufgeplustert und innerlich eine kleine Lawine losgetreten. Da hocke ich, ein bisschen fassungslos, und frage mich, was das zu bedeuten hat.

Dieser eingeschlichene Gedanke behauptet nämlich, ausgerechnet hier sei ich am richtigen Platz, würde sogar das Richtige machen. Von außen betrachtet: rumsitzen. Man kann es natürlich auch Gebet nennen oder Andacht oder Meditation. Was anderes, sagen mir Bauch und Kopf, plappern dabei gleichzeitig auf mich ein und aufgeregt durcheinander und scheinen es ernst zu meinen, was anderes brauchst du nicht! Was suchst du noch? Mach doch das!

»... dann gehe ich eben ins Kloster!« Manchmal sagt man das so, aber doch eher im Scherz oder aus Trotz, oder weil man beleidigt darüber ist, dass einen das Leben irgendwie sitzengelassen hat. Ausdrücken möchte man auch hier was anderes, nämlich: Dass die bessere Hälfte nun langsam mal ins Bild treten dürfe – sonst, Drohung ans Schicksal: Kloster!

Eine leere Drohung, Schicksale lassen sich davon kaum beeindrucken, die wissen zu gut, wie wenig ernst wir das normalerweise meinen. Warum wühlt mich der Gedanke dann auf wie eine Horde Drittklässler den Schulgarten beim Umgraben?

Eigentlich bin ich gelerntes DDR-Kind, Jahrgang '81 und ungetauft, wie sich das gehört. Im Wendejahr hab ich's sogar noch zum Gruppenratsvorsitzenden gebracht. Mutter evangelisch, Vater katholisch, das scheint sich aufzuheben wie Vorzeichen beim Rechnen, beide sind jedenfalls vor Ewigkeiten aus allen Kirchen ausgetreten. Als Kind sehe ich so eine Kirche höchstens mal von innen, wenn eine Omi gestorben ist.

Aber irgendwann fällt mir auf: Ständig laufen mir Leute über den Weg, die – glauben. Was soll das? Mit Kirchens hab ich doch gar nichts am Hut!

Der Erste ist Ferdinand. Aufgewachsen im Westen in einer christlichen Kommune, gegründet von den wilden 68ern, sozusagen Hippies mit Bibel. Als sie nach der Wende in den Osten expandieren und bei mir in der Heimat ein verfallenes Kloster wieder aufbauen, lerne ich ihn kennen. Ferdinand ist da doppelt so alt wie ich, trägt eine kinnlange Denkerfrisur und bringt gern andere mit seinen Fragen aus dem Konzept. Er hat Philosophie studiert und ist gerade erst 800 Kilometer durch Spanien gepilgert. Ich bin in der zehnten Klasse und stelle eben fest, dass man seinen Kopf auch zum Denken benutzen kann. Philosophie und Pilgern, das will ich auch! Pilgern kommt zuerst dran: Mit 17, in den großen Ferien vorm Abi, mache ich mich allein und zu Fuß das erste Mal auf den Jakobsweg. Die Philosophie kommt später, in München.

Der Zweite ist Reiner. Als 2001 der Süden Polens im Hochwasser versinkt, laden wir gemeinsam bei Nowy Sącz Decken und Säcke vom Rotkreuz-Transporter ab. Dabei lernen wir uns kennen. Reiner ist Thüringer wie ich, aus Jena, er macht ein freiwilliges Jahr in der Ukraine, während ich Zivi in Krakau bin. Nach dem Auslandsjahr fängt er an, Theologie zu studieren. Reiner hat sich fest vorgenommen, Priester zu werden.

Der Dritte ist Jonas, mein erster Jesuit. Er war es, der mich auf die Idee gebracht hat, in München zu studieren. Eine halbe Nacht lassen wir uns auf dem Heimweg von einer Abendveranstaltung im VW-Bus einschneien, ich löchere ihn mit Fragen. Jesuit, was ist das, warum machst du das?

Die Vierte ist Hanna, eine resolute Sächsin. Als ich ihr begegne, heißt sie schon Schwester Hanna. Sie hat sich als Erwachsene taufen lassen und ist danach zielstrebig auf ein Leben mit Gott zugesteuert, das heißt, sie ist in die Congregatio Jesu eingetreten, einen Frauenorden, dessen Mitglieder von manchen auch als Jesuitinnen bezeichnet werden.

Ich könnte die Liste um einige Namen fortführen. Fast sollte man meinen, der liebe Gott schickt mir ständig seine Leute über den Weg, von denen manche zu guten Freunden werden. Allesamt gescheite, liebenswerte und kritische Leute, kein einziger auf den Kopf gefallen. Niemand von ihnen entspricht dem Klischee des Kirchgängers, wie ich ihn mir vorgestellt hätte. Zwar glauben sie alle an den lieben Gott und räumen diesem Kerl ziemlich viel Platz im Leben ein, haben aber trotzdem das Selberdenken und den Spaß am Leben nicht aufgegeben. Wie geht das zusammen, einen kritischen Geist haben und an Gott glauben? Was gibt denen das? Irgendwas daran macht mich neugierig.

Bloß drüber reden und nachdenken bringt einen irgendwann nicht mehr weiter. Wer die Nase am Schaufenster vom Schokoladenladen plattdrückt, der will auch mal kosten. Ich melde mich zu einem Glaubenskurs für Ungetaufte an: Ein Jahr lang reinschnuppern in diese Geschichte, ganz unverbindlich, noch brauche ich weder was abonnieren noch irgendwo unterschreiben. Aber kaum bin ich zweimal dort gewesen und habe mit anderen Erwachsenen im Stuhlkreis diskutiert, wer wohl Jesus gewesen sein könnte, eröffnet mir die Kursleiterin vor der dritten Sitzung: »Ich kann Ihnen nichts beibringen, Sie wissen doch längst alles. Sie brauchen hier nicht mitmachen. Wenn Sie wollen, können Sie sich gleich taufen lassen.«

Ein paar Wochen später, in der Osternacht 2005, stehe ich im Münchner Dom, dieser Kirche, deren zwei Türme man vor allem von Ansichtspostkarten kennt. Ich habe meinen nagelneuen Anzug und eine quietschgrüne Krawatte an, das erste und einzige Mal, dass ich überhaupt eine trage. Schade nur, dass man vom Anzug nichts sehen kann, denn soeben hat man mir darüber einen weiten, weißen Umhang gehängt: mein Taufkleidchen. Gerade habe ich vom bayerischen Oberhirten, Kardinal Wetter, die Taufe empfangen, und im gleichen Aufwasch auch noch Firmung und Erstkommunion. Zahl eins, bekomm drei – die Vorteile der Erwachsenentaufe. Man gratuliert mir, ich habe viele Hände zu schütteln, auch fremde. Sogar meine Eltern sind gekommen, auch wenn ich meiner Mutter ansehe, dass sie sich nicht entscheiden kann, ob sie sich darüber nun freuen soll oder nicht; mein Bruder ist gekommen und Ferdinand auch. Kiki, meine Kommilitonin aus der Philosophiehochschule, hat die Rolle als Taufpatin übernommen.

Gut sechs Jahre später hocke ich die halbe Nacht in Spanien auf der Kirchenbank, und statt endlich schlafen zu gehen, komme ich schwer ins Grübeln. Wäre so ein Jesuitenleben am Ende auch was für mich? Dass das mit den Frauen nicht klappen will – sollte das womöglich noch was bedeuten? Will der bärtige Herr da oben mir etwa was mitteilen?

Nun gäbe es einiges einzuwenden. Das bisschen Gefühl, was kann das schon heißen – deswegen braucht doch keiner gleich ins Kloster! Aber ganz so leicht würde ich das nicht abtun. Bauchgefühl, Intuition, Eingebung, Berufung: Manchmal spürt man ganz genau, was richtig oder falsch ist, auch wenn man es nicht gleich begründen kann. Bis heute habe ich so eine tiefe Überzeugung eigentlich nur zweimal erlebt. Das erste Mal als Zivi im Krankenhaus, wo ich gemerkt habe: Hier bist du richtig! Nie wieder habe ich mich seitdem an einem Arbeitsplatz so gut gefühlt, so gebraucht, so nützlich. Und eben in der Nacht in der Kirche im Baskenland.

»Warum wollen Sie Jesuit werden?«, fragt mich ein Mann mit sanfter Stimme, akkuratem Scheitel und Schweizer Dialekt: der Chef-Ausbilder der Jesuiten.

Novizenmeister wird er genannt, das klingt für mich ein bisschen nach alter Zucht und Ordnung. Ich sitze vor ihm wie auf Zehenspitzen auf einem antiquarischen Stuhl in einer Villa im nobelsten Viertel von Nürnberg. Hier betreiben die Jesuiten ihr Noviziat, eine Einrichtung, wo der Nachwuchs herangezogen wird. Ich bin zum Vorstellungsgespräch hier. Vorher habe ich schon an anderen Veranstaltungen teilgenommen, an einem Interessentenwochenende im Schwarzwald und an Ostern im Kreis junger Priester, Mönche und Nonnen. Nun stelle ich mich also dem Novizenmeister vor. Bei ihm müssen alle angehenden Jesuiten zwei Jahre Probezeit durchlaufen, bevor sie in den Orden aufgenommen werden.

Ich erzähle dem Pater von meiner aufwühlenden Nacht in der spanischen Kirche und dass mich der Gedanke an die andere Möglichkeit seitdem nicht mehr loslassen will. Ich erzähle ihm von meinen Freunden, denen es gelungen ist, mich für Kirche und Gott zu interessieren, ohne dass ich mich je missioniert gefühlt habe, zu irgendwas überredet. Ich erzähle ihm, dass ich, wenn überhaupt, dann die Jesuiten für den richtigen Orden halte. Die kenne ich am besten, bei denen habe ich studiert, von ihnen habe ich Meditieren gelernt, mit einigen von ihnen bin ich befreundet. Und ich erzähle, dass ich in mir immer stärker den Drang danach verspüre, mich endlich mal für was zu entscheiden, endlich mal zu etwas Ja zu sagen, statt immer nur im Hausflur des Lebens zu warten und mir alle Türen offenzuhalten, weil ich nicht weiß, wo es langgehen soll.

Hannes, ein junger Jesuit, den ich im Studium kennengelernt habe, hat das ein wenig salopp mal so gesagt: »Das mit dem Zölibat ist eigentlich kein Problem. Denn:

Wenn du dich für eine Frau entscheidest, dann musst du dich damit ja zwangsläufig gegen alle anderen Frauen entscheiden. Weißt du, ich als Jesuit verzichte eben bloß noch auf diese eine Frau mehr …«

Aber ich höre nicht auf meinen Bauch. Ich habe schon das erste Mal im Krankenhaus nicht auf ihn gehört, als er mir sagen wollte, dass ich doch gefälligst irgendwas Medizinisches lernen und arbeiten sollte. Und jetzt höre ich wieder nicht auf ihn. Wer weiß. Vielleicht hätte aus mir ein passabler Jesuit werden können. Falls Gott mir da wirklich seine Hand hingehalten hat, habe ich aber höchstens mal am kleinen Finger angefasst, probehalber – und dann so lange gezaudert, bis es irgendwann nicht mehr wahr war. Ich konnte mich letztlich doch nicht dafür entscheiden, weil ich fürchtete, dass Gott nur die zweite Wahl ist. Dass ich ihm und mir zu viel hätte vormachen müssen, weil mir immer noch vor allem eine Frau fehlt.

GUTER RATSCHLAG
NR. 9

Ich: »Ich möchte aber lieber damit überzeugen, wer ich bin, und nicht so sehr damit, wie ich aussehe.«

Franziska: »Das wollen alle. Trotzdem könntest du dich hübscher anziehen. Zum Frisör gehen, rasieren, ein bisschen gepflegter, ein dezentes Parfüm, das macht schon viel aus. Wenn man dir auf den ersten Blick ansieht, dass dir dein Aussehen egal ist, dann kann eine Frau eben denken: Wer weiß, ob ihm alles andere nicht auch egal ist!«

ÜBER GEWICHT

Der Abendkoller kommt pünktlich zehn Minuten vor acht, da kann ich machen, was ich will. Mich zum Beispiel rechtzeitig mit einem grundvernünftigen Abendbrot sättigen, wie ich's von den Eltern gelernt habe. Vier fingerdicke Scheiben Roggenmischbrot mit Viertelfettkäse oder Leberwurst, darauf scheibchenweise Gurke und Tomate wegen Geschmack und gesund. An besonders guten Tagen auch mal einen halben Kopfsalat, angemacht mit Wasser, Öl und Tütenknorr. Satt bin ich, so satt ich nur sein kann, aber es hilft nichts. Ich hätte mich am Schreibtisch festketten können, hätte mitten im Chat mit einer blonden, neuen Online-Bekanntschaft namens Lena_Muc stecken können, und wenn ich gerade auf eine kostenlose Pornoseite gestoßen wäre – zehn Minuten vor acht erfasst mich der Abendkoller, zuverlässig. Für die nächste Stunde verliert das vernünftige Wolfram-Ich die Kontrolle, ab da bin ich nicht länger Herr meiner selbst. Andere Kräfte übernehmen.

Es treibt mich hinaus, egal ob es stürmt, schneit, hagelt, blitzt oder Frösche regnet. Ich greife ein paar Klamotten vom Boden, werfe mich in eine graue Baumwoll-Jogginghose und einen XXL-Kapuzenpullover – Geruch egal, Hauptsache dem Aussehen nach straßentauglich.

Im Klamottenberg wühle ich auch nach meinem Portemonnaie, das sich vergeblich in einer Hose vor mir versteckt. Hab ich dich! Ich werfe es in den Rucksack, den Rucksack über die Schulter, die Tür hinter mir zu, fliege 18 Treppenstufen hinab zum Ausgang, schwinge mich hinterm Haus aufs Fahrrad, schalte innerlich Blaulicht und Martinshorn ein und rase los. An der ersten Kreuzung geradeaus über die rote Ampel, an der übernächsten Ecke links und dann noch mal links.

An einem guten Tag halte ich es auch mal länger aus, unter Aufbringung sämtlicher viereinhalb Gramm Willenskraft vielleicht so bis sieben Minuten vor acht. Aber nie, nicht ein einziges Mal kommt es vor, dass ich es nicht mehr rechtzeitig schaffe.

Es genügt ja, wenn ich nur eine Sekunde vor acht da bin. Hauptsache, ich komme rein. Oft bin ich der Letzte, für den die Glastür an diesem Tag noch einmal auf und zu gleitet. Hinter mir bleibt sie zu. Geschafft: Ich bin drin! Im Netto, der bis vor kurzem noch Plus hieß. Zur Feier der Umbenennung haben sie dem Laden ein neues Schild über den Eingang geschraubt und innen Plus-Orange mit Netto-Gelb überpinselt, sonst hat sich wenig verändert, zum Glück. Meinen Weg hätte ich hier mit verbundenen Augen gefunden. Ich fliege auf Autopilot, gesteuert von einem Hirn, das in Dopamin ertrinkt, einem Hormon, das zwar gemeinhin als Glücksrauschverursacher gilt, das mich aber im Augenblick alles andere als glücklich macht. Es treibt mich an und flüstert mir ein: Los, hol es dir!

Vorbei an Bananitäten wie Obst und Gemüse und bei den Bio-Tomaten scharf links abbiegen in den Korridor der Kalorien. Als erstes brauch ich was Salziges. Salzstangen oder Kartoffelchips? Ich kann mich nicht entscheiden und packe beides ein, so ein Abend braucht seine Grundlage. Weiter geht's, um die nächste Ecke rechts in die Höhle des Süßen. Hier schnappe ich wahlweise eine goldene Familientüte Knusperflocken oder eine Vorteilspackung Toffifee, dazu als Ergänzung – wenn ich schon einmal hier bin – Geleebananen oder Schokonüsse. Man weiß ja nie. Auf dem Weg zur Kasse navigiere ich an den Getränken vorbei. Eine Anderthalbliterflasche Schwippschwapp befreie ich aus ihrer Schrumpffolie, aber die ohne Zucker, das ist mir wichtig, und mit dem letzten freien Finger angele ich noch einen Sechserpack Plastikflaschenbier.

Das Dopamin kann Feierabend machen, der Abend und ich, wir sind gerettet.

Beim Bezahlen stehe ich vor derselben Kassiererin wie vorhin, sie erkennt mich, immerhin war ich heute schon mal hier einkaufen, auf dem Heimweg von der Hochschule. Nur hab ich da noch andere Sachen auf das Kassenband gepackt. Vollkornbrot, Biokäse, Blattsalat. Hüpfen da kleine Fragezeichen in ihren Augen? Falls ja, ignoriere ich die, indem ich mich dem Eintippen des PIN-Codes mit einer Hingabe widme, als wäre das eine Kopfrechnung mit Komma.

Auf dem Heimweg kann ich das Blaulicht auslassen.

Gegessen wird, wo ich immer esse: am Schreibtisch, während ich am Computer das fortsetze, wovon der Abendkoller mich weggeholt hat. Die Reihenfolge ist immer dieselbe. Von salzig nach süß, von Schwippschwapp nach Schlossbier Edel. Ich kämpfe mich durch Tüten und Schachteln, reiße auf, greife rein, schütte, stopfe, kaue und schlucke. Wäre das Leben doch immer so wie in diesem Moment. Aufhören kann ich erst, wenn restlos alle Verpackungen leer sind, dann bin ich voll, aber voll klingt nicht nach dem richtigen Ausdruck. Wie mag sich eine überquellende Mülltonne fühlen? Falls es dafür ein Wort gibt, wäre das für diesen Moment das passende. Nur vom Bier sind noch zwei, drei Flaschen übrig, alles andere liegt über den Schreibtisch verstreut als Packungsleichen, Chipstrümmer und Schokoladensplitter. Ein Schlachtfeld, auf dem ich mal wieder gegen mich selbst verloren habe.

Das vernünftige Wolfram-Ich lugt behutsam um die Bewusstseinsecke. Ist der Abendkoller weg? Der Uhrzeiger deutet inzwischen auf neun, mein Körper hängt auf dem Drehstuhl wie ein Boxer in den Seilen. Nur, wer hat zugeschlagen? Die Birne dröhnt, das Herz galoppiert wiehernd durch die Brust, selbst in der äußersten Schräglage, die mein Drehstuhl erlaubt, bedroht mein Bauch den Bildschirm vor mir mit Hosenknopfschuss. Ich japse und leide und leiste mit letzter Kraft einen Schwur vor allem, was heilig ist oder wenigstens schmeckt. Ich gelobe, das sei heute wirklich das letzte Mal gewesen, das allerletzte Mal. Ab morgen will ich standhaft bleiben, morgen fängt ein neues Leben an!

Das kann doch nicht so schwer sein. Ich muss doch nur …

Nur. Morgen werde ich das auf übermorgen verschieben. Ein Tag mehr oder weniger macht den Kohl nicht fett. Mich allerdings irgendwann schon …

Die einen hören auf zu essen, wenn es ihnen nicht gutgeht. Ich gehöre zu den anderen. Jenen, die nicht mehr aufhören können, weil sie vergeblich versuchen, Löcher in sich zu stopfen, die mit Essen gar nicht zu stopfen sind. Es ist wie einprogrammiert, ein uraltes Programm, fest in meinen Chips verankert und resistent gegen Update oder Löschung: Wenn ich so einen Abend schon mit mir verbringen muss, will ich ihn mir wenigstens versüßen. Süßes, Salziges und Fettiges aus glitzernden Tüten und bunten Schachteln versprechen Glück, jedenfalls so eine Art. Je größer die Löcher, desto üppiger die Portionen. Zwar folgt die Reue gleich auf dem Fuß, aber lerne ich etwa daraus? Puste-, oder besser, Marmorkuchen! Nicht das Geringste lerne ich. Wenn der Hunger am nächsten Abend wiederkehrt, geht die Sache mit dem Abendkoller wieder von vorn los.

Im Chinesischen gibt es sogar einen eigenen Ausdruck dafür. 小確幸 – Xiǎo què xìng: kleines konkretes Glück. Bars und Cafés tragen diesen Namen, dabei steckt dahinter eine eigentlich traurige Bedeutung: das essbare Ersatzglück für den, der sein wirkliches Glück nicht finden kann. Wie ein leeres Versprechen, ein Appetithappen auf die Sehnsucht. Vielleicht immer noch besser als gar nichts, sagt die Caféreklame, komm herein und iss ein Stück Kuchen!

Lange leben wir in friedlicher Ko-Ignoranz, mein Körper und ich. Jeder macht seins und lässt den anderen in Ruhe, wie in einer guten Beziehung. Doch gefühlter und gefüllter Bauchumfang driften auseinander wie Grönlandeis bei Klimawandel: anfangs unmerklich, bloß Zentimeter um Zentimeter, aber irgendwann nicht mehr zu ignorieren.

Die Hosen sind immer die ersten, die mir sagen, wenn sich an meinem Gewicht was ändert. Hosen lügen nie.

An zweiter Stelle aber kommt schon die liebe Familie, die es als ihre Mission ansieht, mich ganz direkt darauf anzusprechen. Nur für den Fall, dass ich es selbst noch nicht bemerkt haben sollte. Jeder hat da so seine Methoden.

»Warum hast du ein Kissen unterm Pulli versteckt?«, fragt mein Bruder mich immer, wenn wir uns bei einer Familienfeierlichkeit wie Weihnachten sehen. Meine Mutter macht das subtiler. Sie schneidet Zeitungsartikel aus, die von wundersamen neuen Diäten berichten, von Tee-Kuren, Superfood und den zehn effektivsten Sportarten zum Abnehmen. Mit Rot streicht sie an und kringelt ein, malt Ausrufezeichen an den Rand und schickt mir diese Zeitungsschnipsel per Post. Zu Weihnachten schenkt sie mir Jahr für Jahr den aktuellen Abnehmbestseller: Schlank im Schlaf, Fit und schlank ein Leben lang, Nordic Walking statt Diät und wie sie heißen. Allein diese Bücher haben garantiert einen Hektar Regenwald auf dem Gewissen und füllen im alten Kinderzimmer eine gute Gürtellänge Regal.

Einmal, meine Eltern haben mich gerade ein Wochenende lang in München besucht und sind inzwischen schon wieder abgefahren, finde ich im Küchenschrank zwischen Gewürzen und Tütensuppen eine rätselhafte gelbe Dose.

»Das ist Eiweißpulver. Damit kannst du jeden Tag eine Mahlzeit ersetzen«, klärt meine Mutter mich am Telefon auf, als ich sie zu Inhalt und Bedeutung befrage. Sie scheint fest entschlossen, ihren Sohn zu verschlanken. Es hilft nur nichts, derartige Missionierungsversuche prallen an mir ab wie Amseln an einer Glasfassade.

Sogar Wildfremde glauben, mir offenherzig ihre Meinung über meinen Körperbau kundtun zu müssen. Engelchen und Teufelchen sind zwei von denen. So nenne ich zwei Typen, die ich zufällig getroffen habe und die mir vorgekommen sind wie die Personifizierung meines eigenen Gewissens, Engelchen und Teufelchen eben, einer links, der andere rechts auf der Schulter. Der eine sagt so, der andere sagt das Gegenteil. Aber das Bild passt nicht, der Vergleich hinkt, eigentlich müssten sich Engelchen und Teufelchen nämlich widersprechen. Diese beiden sind sich hingegen einig und ganz und gar derselben Meinung.

Für ein langes Wochenende bin ich in Mühlhausen bei den Eltern zu Besuch. Vom Kneipenabend mit Freunden kommend, spaziere ich zu Fuß nach Hause, eine gute halbe Stunde quer durch die Altstadt. Es dämmert, in allen Gassen, auf allen Plätzen herrscht Ruh, längst sind die Bordsteine nach oben und die Jalousien nach unten gefahren. Die Häuser nicken gerade vorm Fernseher ein, in dem mal wieder Musikantenstadl läuft. (Wiederholung, bitte nicht anrufen!) Ich überquere den leeren Untermarkt, komme an der Bachkirche vorbei und anschließend hinter der Stadtmauer zum Schillerdenkmal, wo linkerhand der Goetheweg hoch führt. Den muss ich lang. Dort sitzen auf einer Parkbank zwei Kerle, ich würde sie auf irgendwas zwischen 50 und 60 schätzen. Sie tragen ihre Blaumänner lässig wie Bauarbeiter zum Feierabend und haben schon einen hinter die Binde gekippt, vielleicht auch zwei, den leeren Flaschen nach.

»Was ist denn das?«, lallt der eine, das Teufelchen, und deutet auf mich.

»Was meinen Sie?«, frage ich, bleibe aber auf Abstand.

»Na, das da«, das Teufelchen deutet energischer und

rempelt seinen Kumpanen neben sich an. Die beiden kichern, offensichtlich auf meine Kosten. Ich schaue an mir herunter. Der Hosenstall ist zu, Flecken sehe ich keine – ich kann keinerlei Kicheranlass erkennen. Ich gehe weiter.

»Na, deine Wampe, meine ich!«, fährt das Teufelchen fort, das Engelchen nickt. »Weißt du was? Die muss weg, und zwar flott! Wenn wir uns das nächste Mal treffen, dann ist der Bauch verschwunden. Ja?«

Mag sein, dass ich wirklich so etwas wie eine Zustimmung von mir gebe, ein »Ja, ist gut« murmele. Eigentlich will ich nur unbehelligt weiter. Aber dann wurmt mich das doch. Was geht diese Schnapsnasen mein Bauch an? Lange stehe ich hinterher vorm dreiteiligen Spiegelschränkchen meiner Eltern und übe mich im Bauchreinziehen. Aber es will nicht klappen, wie ich mich vorm Spiegel auch drehe und wende: Da ist bedeutend zu viel Bauch.

Auf dem Fahrrad muss ich schräg sitzen wie eine alte Vogelscheuche nach dem Sturm. Nur mit einer Hand komme ich an den Lenker, andernfalls müsste ich ihn auf Schwangerschaftshöhe justieren, was mein Stolz aber nicht erlaubt. Man ahnt nicht, zu welch atemberaubender Prozedur eine vermeintlich harmlose Tätigkeit wie das Schneiden der Zehennägel ausarten kann. Wozu braucht ein Fuß fünf Zehen?

Auch meine Garderobe leidet. Das Binden der Schnürsenkel wird mir zu anstrengend, weil ich längst nicht mehr hinunterkomme und Hocker oder Treppenstufe brauche, aber selbst dann gegen wachsenden Widerstand meines Bauchs ankämpfen muss. Deswegen lasse ich die Schnürsenkel irgendwann zu, schlängle und quetsche meine Füße in die geschlossenen Schuhe. Entsprechend zerknautscht sehen sie aus. Sämtliche Hosen erkranken an Innenbein-Anorexie, sie werden dünn und reißen an immer gleicher Stelle, wo Schritt für Schritt Schenkel an Schenkel reibt.

Überhaupt, der Hosenkauf. Eine der erniedrigendsten Erfahrungen, die man als Nichtschlanker machen kann. Arglos betrete ich die Filiale einer Modekette, irgend so ein Zaraespritsolivertomtailorhundm. Es riecht nach Textilien und Klimaanlage, aus der Decke tröpfelt halblaute Dudelmusik. Gleich hinterm Eingang werde ich von einem Verkäufermodel mit Seitenscheitel abgefangen, der aussieht, als wäre er einem Prospekt entsprungen.

»Wie kann ich Ihnen helfen?«, fragt das Verkäufermodel, aber sein Tonfall klingt eher wie: Haben Sie sich verlaufen?

»Ich suche eine Hose«, sage ich.

»Für Sie?« Das Verkäufermodel lauert.

»Ja.« Ich bin irritiert. Für wen denn sonst?

»Oh.« Das Verkäufermodel sagt weiter nichts, sein Blick gleitet an mir entlang. Er misst mich mit Blicken aus. Sein Ton schaltet auf Mitleid.

»Es tut mir leid, aber Hosen in Ihrer Größe führen wir nicht.« Das Verkäufermodel lächelt.

»Oh.« Nun bin ich es, der weiter nichts sagt, weil mir nichts einfällt. Dankend nicke ich und trete den strategischen Rückzug an, in der Hoffnung, dass sonst keiner im Laden meine Abfuhr mitbekommen hat. Messdiener müssen so was lernen, bevor sie beim Gottesdienst in der Kirche zum Einsatz kommen: Und wenn der Pfarrer über seinen Rock stolpert oder der Altar Feuer fängt, immer langsam und würdevoll! Aber egal, wie ich mich auch um Würde bemühe, es ist vergeblich. Alle haben es mitbekommen. Ich könnte beim Hinausgehen noch drei Kleiderständer umwerfen, es würde die Sache nicht sonderlich verschlimmern. Alle schauen sie mir nach, da bin ich mir ganz sicher. Verkäufermodels, Kundenmodels, sogar die Kleidung an den Ständern grinst mir hinterher.

Manchmal frage ich mich, was wohl meine Kleidung zu mir und meinem Gewicht sagen würde. Ob sie sich beschweren würde, weil sie unter mir zu leiden hat? Oder mein Fahrradsattel, der zweimal mitten beim Fahren abbricht, dabei sollte er eigentlich bis 120 Kilo halten. War das eine Botschaft an mich? Oder meine Personenwaage mit Persönlichkeit, Söhnle, ein futuristisches Gerät aus silbergrauem Kunststoff und Glas. Sie hat ihren Platz unterm Badschränkchen und kennt mich von allen meinen Dingen am längsten, und auf 100 Gramm genau. Zugelegt hab ich sie mir, da war ich noch ganz neu in München, und um einiges schlanker. Alle Höhen und Tiefen hat sie seitdem mitgemacht, ist mit mir durch dick und dicker gegangen. Was würde Söhnle sagen?

Söhnle: »Was würde Söhnle sagen, was würde Söhnle sagen. Geklaut hast du, ein Dieb bist du – DAS würde ich sagen!«

Ich: »Was denn geklaut?«

Söhnle: »Was! Axel Hacke spricht mit seinem Kühlschrank, Marc-Uwe Kling mit einem Känguru. Wahnsinnig originell, wenn du dich jetzt mit deiner Waage unterhältst, wirklich, super originell!«

Ich: »Warum denn so schlecht gelaunt? Ich will doch nichts weiter von dir als ein paar Fakten.«

Söhnle: »Fakten? Kannst du haben. 120 Kilo bei ein Me-

ter achtzig im Alter von 25 Jahren, das ist ein Body-Mass-Index von 37. Adipositas vom Feinsten, Alter. Fett bist du! Normal wäre bei deiner Größe ein Gewicht zwischen 70 und 80 Kilo. Und du jammerst rum, oh, wie schlecht es dir geht, aber jeden Abend schön weiter die Chips und das Bier …«

Nein. Es ist doch besser, wenn meine Sachen schweigen und mir nicht auch noch die Meinung geigen. Reicht völlig aus, wenn das Fremde und Familie machen.

Die Saison des Abendkollers ist der Herbst. Den erkennt man daran, dass Blätter vom Baum und Weihnachtsmänner in die Wühltische der Supermärkte fallen. Das Gewicht eines Philosophiestudenten steigt aber nicht einfach kontinuierlich, es folgt der Dialektik: These und Antithese. Auf das Steigen folgt im Frühjahr, wenn die Tage länger und die Schatten kürzer werden, das Fallen. Liegt es an den Hormonen? Plötzlich gelingt es mir, dem Abendkoller zu widerstehen. Ich raffe mich auf zu Sport und Gesundheit, will schlank und schön werden. Verschlinge statt Süßigkeiten nur noch kalorienfreie Internet-Ratgeber über Ernährung, schwenke vom Abendkoller auf die aktuelle Trenddiät um. Ich habe sie alle ausprobiert! Friss die Hälfte, intermittierendes Fasten, kein Fleisch, viel Fleisch, nur Fleisch, keine Kohlenhydrate, nichts als Kohlenhydrate, Eiweißpulver (meine Mutter wäre stolz auf mich), abends nichts und morgens viel, morgens nichts und abends ein bisschen, grüne Smoothies, zwei große oder zwölf kleine Mahlzeiten. Ernährung ist im Frühjahr mein großes Thema. Alle Freunde kriegen Vorträge von mir gehalten, ob sie wollen oder nicht (und die meisten wollen nicht), über Fettstoffwechsel und Insulin, als wüsste ich wirklich mehr von diesen Begriffen, als wie man sie buchstabiert. Unter dem Deckmantel der Dunkelheit fange ich sogar wieder an zu joggen, drehe Runden im Englischen Garten, mein Bauch schwingt im Takt der Schritte, alle fünfzig Meter muss ich mich keuchend an einem Baum festhalten. Auch, um mich vor anderen Joggern zu verstecken. Nach tagelanger Suche finde ich ganz unten im Wäschekorb meine McFit-Mitgliedskarte wieder, das letzte Dreivierteljahr war ich dort nur noch Fördermitglied, irgendwo muss längst eine Brustpresse oder ein Latissimus-Zug eine Plakette tragen: »Diese Übung wird Ihnen präsentiert von Wolfram.« Und siehe da, der Aufwand wirkt, Söhnle ist meine Zeugin. Was im Herbst hinzukam, davon kommt im Frühjahr einiges wieder runter.

Bis es irgendwann wieder Herbst wird. Und wieder Frühling.

Als ich mit meinen Kilos mal wieder auf einem absteigenden Ast bin, kommt mir ein neuer, geradezu verwegener Gedanke: Sollte ich mal meine Garderobe erneuern? Vielleicht motivieren mich neue Klamotten ja, das Gewicht mal zu halten. Aber kaum etwas finde ich so anstrengend wie Kleidungskauf, nicht nur bei Hosen. Gut, Steuererklärung vielleicht. Außerdem besitze ich nicht ein Fünkchen Kleidergeschmack, ich weiß nicht, was es alles gibt, und schon gar nicht, was mir stehen könnte. Ich würde wahrscheinlich wieder zu Kapuzenpullovern und Cargohosen in Grau und Blau greifen, Größe XL, das hat sich bewährt, immerhin sind diese Sachen schön praktisch. Aber Kleider machen nun mal angeblich Leute. Was, wenn ich zur Abwechslung eine Typveränderung anstrebe?

Einer guten Freundin kann ich nicht zumuten, mit mir einkaufen zu gehen, das würde jede Freundschaft umbringen. Als ich bei Google »Stilberatung« und »München« eintippe, stoße ich auf das Angebot zweier Mädels, die Problemmännern wie mir Hilfe versprechen, sie wollen uns vor Anziehsünden bewahren und ganz neue Ansichten aus uns herauskitzeln.

An einem Samstagmittag zwei Wochen später stehen sie vor meiner Tür. Aber was sage ich – Mädels: Models sind es! Meiner bescheidenen Bude müssen die Augen übergehen, solchen Besuch hat sie noch nicht gesehen! Die eine raspeldünn und blond, unablässig stellt sie sich in Pose und spitzt dabei ihren Mund zur Schnute. Die andere trägt Pelzmütze bis weit über beide Ohren, die sie nicht mal im Warmen absetzen mag. Wäre ich denen irgendwo in freier Wildbahn begegnet, auf der Straße oder bei einer Veranstaltung, ich möchte wetten, die hätten mich nicht mal wahrgenommen.

Wir fangen mit Bestandsaufnahme und Schrankinventur an. Wie sehen wir denn aus, was für Kleidungsstücke besitzen wir denn? Ich komme mir vor wie ein Patient, und zwar ein besonders schwieriger. Zwei Köpfe, einmal mit, einmal ohne Pelz, verschwinden tief in meinem Schrank. (»Du hast wirklich nur diesen einen Kleiderschrank, mehr nicht?«), aus dem in einem fort Kichern zu mir herausdringt.

Aus den Tiefen des Schranks tauchen Hände auf und befördern Hosen mit viel Bundweite zutage, ebenso mein ältestes Sakko, einen Jogginganzug, Schlafanzüge zweiter Generation und jede Menge Kapuzenpullis.

»Und diese Sachen trägst du wann?«, fragt die Blonde mit der Schnute. Na ja, eigentlich immer. Die beiden schauen sich vielsagend an: Da liegt eine Menge Arbeit vor ihnen!

Eine Bedingung hätten sie allerdings, fassen mich die Modelmädels mit einem Ernst in den Blick, als hätten sie eine unheilbare Krankheit zu verkünden. Um mit mir wirklich arbeiten zu können, müsse ich mich von mir selber ganz freimachen. Am besten wäre, ich würde mein Selbstbild heute einfach mal zu Hause bei den alten Klamotten lassen. Was immer sie mir zur Anprobe vorlegen, auf keinen Fall solle ich nein sagen, sondern alles erst mal anprobieren, was es auch sei. Jetzt kriege ich doch ein bisschen Angst. Was, um Gottes willen, haben die mit mir vor?

Wir gehen shoppen, wie ich im Leben noch nie shoppen war. Jetzt sind die Damen ganz in ihrem Element, und sie verstehen was von ihrem Handwerk. Sie nehmen mich zwischen sich in beiderseitiges Schlepptau, Flucht ausgeschlossen. Ich werde mit Klamotten behängt und beladen, zielsicher greifen sie im Vorübergehen links und rechts in Kleiderständer und reichen an mich weiter, was sie zu fassen kriegen. In meinen Armen stapeln sich Hosen, Hemden, Pullis, Strickjacken, Schals und Schuhe. In der Kabine muss ich auf Kommando und in Sekunden alles anprobieren, und zwar erst einzeln, dann in jeder der 420 möglichen Farb- und Schnittkombinationen. Wenn ich vor den Kabinenvorhang trete, zupfen und rupfen vier Hände an mir herum, dann treten die Stilberaterinnen einen Schritt zurück und begutachten ihr Werk, von vorn und von hinten, jetzt noch mal bücken, jetzt noch mal drehen, jetzt noch mal die Arme heben, und dann die nächsten Klamotten.

Drei Stunden und drei Läden später stehe ich als

menschlicher Weihnachtsbaum mitten im Oktober mit gezupften Augenbrauen und behängt mit Einkaufsbeuteln da, um 500 Euro ärmer, um zwei Einsichten reicher.

Erstens: Ich solle mich ruhig trauen, körperbetontere Sachen zu tragen, das dürfe ich mir erlauben, meine alten Klamotten in Familienzeltweite würden bei Frauen jedenfalls sofort durchfallen. Zweitens: Augenbrauen zupfen tut so weh, das werde ich im Leben nicht wieder mit mir machen lassen, nicht einmal für Geld.

Doch, mir gefallen meine neuen Kleider durchaus, ich trage sie auch. Nur eine knallorange Strickjacke bringe ich zurück. Von meinen guten Freundinnen bekomme ich Komplimente, darüber hinaus kann ich keine Veränderung der Damenwelt mir gegenüber feststellen.

Schon klar, Frauen haben keine Body-Mass-Tabelle im Kopf, man kann eine Freundin natürlich nicht nur finden, wenn man Idealmaße hat. Geht mir ja andersrum genauso, ich schau auch nicht nur schlanken Frauen hinterher. Das Problem ist weniger die Waage, mehr das Wohlbefinden. So lange sich im Bauchumfang die Sehnsuchtskompensation niederschlägt und ich mir an allen Stellen zu viel vorkomme, so lange das Gewicht so ein Gewicht für mich hat, strahle ich das auch aus. Dafür gibt es keine Klamotten, unter denen ich mein Unwohlsein verstecken könnte.

Meine Mitbewohnerin Antje, die in der WG neben mir wohnt und mit der ich mir auch das Bad teile, sagt immer: Über Gewicht spricht man nicht, Übergewicht hat man. Eine kluge Frau!

GUTER RATSCHLAG
NR. 10

Karin: »Kopf hoch! Andere Mütter haben auch schöne Töchter.«

JELENA, ALINA, JANA UND DAS WAS-WÄRE-WENN

Rechtskurve. Jelena stemmt sich in die Eisen, wir schlittern scharf um die Ecke und nehmen dabei einen halben Busch mit. Blätter und Zweige kratzen über den Lack, vielleicht spart das ja die Autowäsche. Im Film hätten Reifen gequietscht, aber auch ohne Soundtrack hab ich Nervenkitzel genug. Nun geradeaus. Jelena gibt Stoff, der Citroën sprintet los, hoppelt einen Weg hoch, der nicht für ihn gemacht und gerade breit genug ist, dass wir durchkommen. Immer wieder streifen wir links und rechts Gestrüpp. Es geht Hügel auf und Hügel ab, der Weg ist kaum einsehbar und nicht für solches Tempo gemacht, der Tacho behauptet zwar irgendwas zwischen 20 und 40 Sachen, aber der muss lügen, das sind doch 120, mindestens! Eigentlich wäre hier Pietätstempo vorgeschrieben, höchstens halbe Schrittgeschwindigkeit und auf jeden Fall zu Fuß, in Schwarz und mit Trauermiene. Aber für solche Kleinigkeiten haben wir keine Zeit. Wir rasen in Jelenas rotem Flitzer im Zickzack über den Zentralfriedhof von Zagreb, der sich in allen Himmelsrichtungen bis zum Horizont erstreckt. Auf dem Beifahrersitz thront die alte Ana, die uns wie ein Feldwebel durch die Gräberlandschaften dirigiert. Rechts, links, wieder links, noch mal links, oder doch rechts? Ana kann kaum noch sehen, und um ihr Gedächtnis scheint es nicht viel besser zu stehen, aber das macht sie mit ihrem Befehlston locker wett. Wir sind auf der Suche nach dem Grab ihres Mannes. Für mich sehen längst alle Gräber gleich aus. Ich sitze hinter Ana und soll unsere Grabjagd eigentlich filmen, aber mir ist schlecht. Wenn ich jetzt die Kamera schultere, könnte das übel werden. Und dann Jelena am Steuer, die wie eine Rallye-Weltmeisterin fährt, vielleicht ist sie sogar eine, zutrauen würde ich es ihr. Atmen und schlucken, das kann ich noch gerade so, und 373 Kurven später findet unsere Achterbahnfahrt endlich ein Ende, wir haben wirklich das gesuchte Grab gefunden. Dass wir auf dem Weg dorthin keinen Friedhofsfußgänger versehentlich in seines befördert haben, halte ich für pures Glück. Mehr als einmal müssen sich ganze Trauerprozessionen per Weitsprung hinter Familiengrabsteinen in Sicherheit bringen.

Ich bin in Zagreb, weil ich mit Jelena einen Film drehe. Aber eigentlich bin ich hier, weil sie raucht.

Nie habe ich jemanden lustvoller rauchen gesehen als Jelena. Selbst wenn wir mit erhitzten Köpfen im Diskussionsdickicht feststecken: Sobald Jelena sich eine ansteckt, hat die Welt erst mal Pause. Unser Gespräch und alles Übrige kann sich hinten anstellen, die ersten Züge gehören ganz dem Genuss. An einem guten Abend kommt Jelena locker auf eine Schachtel, und unser erster ist so ein Abend. Zug um Zug frisst sich die Glut näher an ihre Finger und leuchtet auf ihr Gesicht. Dann formen ihre Lippen ein kleines o und lassen Dampf ab, schräg nach oben wie ein Wasserkessel, der kocht, nur ohne Pfeifen.

Auf einem Filmfestival haben wir uns kennengelernt, mein allererstes Festival, auf das ich als Regisseur eingeladen werde. Ich darf im Flugzeug nach Zagreb anreisen und im Fünf-Sterne-Hotel übernachten, dabei habe ich bloß eine Übung aus dem ersten Semester Filmhochschule dabei, ein Kurzfilmchen, zwölf Minuten lang, in Schwarz-Weiß. Aber eingeladen ist eingeladen, ich bekomme ein Bändchen um den Hals, das mich als Regisseur ausweist, mir alle Festivaltüren öffnet und kostenlose Getränke verschafft. Ich versuche, es so lässig zu tragen, als mache ich das andauernd.

Neben der Kinokasse hängt ein türgroßes Plakat, auf dem steht, wann wo welcher Film laufen soll. Nur lesen kann ich es nicht. Denn direkt davor steht ein Mädchen und studiert den Plan seit fünf Minuten. Sie hat brünette Haare, raspelkurz wie ein preußischer Vorgartenrasen, darüber ein Kopftuch, mit dem sie ein bisschen aussieht wie eine sorbische oder serbische Bäuerin. Da möchte man Bauer werden! Weil sie mir die Sicht auf den Plan verdeckt, frage ich einfach sie: Ob sie mir Filme empfehlen könne? Keine Ahnung, sie arbeite bloß als Freiwillige und sei zuständig fürs Saubermachen, sagt sie und zuckt die Schultern. Nachher würde sie in einen kroatischen Dokumentarfilm gehen. Nein, sie hätte nichts dagegen, wenn ich mitkomme.

Im Kino lacht sich Jelena neben mir einen Ast ab. Ich weniger, weil Kroatisch mit albanischen Untertiteln. Halb so wild, schaue ich eben Jelena statt Film. Hinterher gehen wir Schnaps trinken: Honigschnaps, Pflaumenschnaps, Kräuterschnaps, Minzschnaps. Jetzt kann ich eher mitreden! Lässt sich hin und weg steigern? Falls ja, bin ich hinst und wegst von Jelena, ihrem Rauchen, ihrem Lachen, das öfter mal in Husten untergeht, ihren braunblitzenden Augen, ihrer Schmirgelpapierstimme. Mühelos schnapst sie mich unter den Tisch.

Später, da bin ich längst zurück in München, skypen wir. Jelena sitzt in Unterwäsche auf dem Sofa, hat schon eine Flasche Wein intus und verrät mir, dass sie auch davon träumt, einen Film zu machen, über eine alte Frau, die seit 40 Jahren auf dem Marktplatz in Zagreb Papstkalender und Plastikrosenkränze verhökert.

Ich wittere eine Chance. »Hast du schon einen Kameramann?« Noch nicht, sagt sie, warum? Ich schlage kurzerhand mich selbst vor, was Jelena überrascht. Ich behaupte, dann könne ich ein bisschen Kamera üben. Insgeheim hoffe ich natürlich, dass ich dabei nachholen kann, was ich am ersten Schnapsabend vergessen hatte: ihr näherzukommen.

Dreimal reise ich mit Kamera nach Zagreb, im Sommer, im Herbst, im Winter. Dreimal teilen wir uns für die Dauer der Dreharbeiten Jelenas kleine Wohnung. Dreimal filmen wir die betagte Ana, die an ihrem Klapptisch auf dem Marktplatz Rosenkränze für 40 Kuna verkauft, rund fünf Euro. Weil Ana schlecht zu Fuß ist und Jelena es schafft, den Friedhofspförtner zu bezirzen, dürfen wir zwischen den Gräbern Rallye fahren. Der irrste Friedhofsbesuch meines Lebens.

Schnitt: Ortswechsel in eine Wüstenlandschaft.

Auch mit Alina mache ich einen Film. Das scheint eine gute Gelegenheit zu sein, sich kennenzulernen.

Einen Monat verbringen sie und ich in Israel, kreuz und quer reisen wir durch das kleine Land und drehen eine Reportage über junge Deutsche, die hier als Freiwillige arbeiten. Alina macht Kamera, ich mache Ton. Am Anfang allerdings machen wir alles falsch, was man falsch machen kann. An Schabbat, dem jüdischen Feiertag, fahren wir Auto. Sollte man nicht machen. Erst recht sollte man nicht durch ein Viertel der besonders Religiösen, der Ultraorthodoxen, fahren. Und dann auch noch unterwegs anhalten und eine Gruppe strenger, bärtiger Männer in schwarzen Anzügen, mit Hüten und Schläfenlöckchen nach dem Weg fragen: blöde Idee! Scheinen die auch zu denken, jedenfalls antworten sie nicht, sondern starren uns an. Haben sie uns überhaupt verstanden? Alina wiederholt ihre Frage und lächelt. Wo geht es hier, bitte schön, zu diesem Kibbuz? Die Männer starren und schweigen weiter. Mir schwant nichts Gutes, ich befürchte ein Donnerwetter auf Hebräisch, wenn nicht Schlimmeres.

»Are you Jews?«, fragt uns einer der Männer schließlich. Ob wir Juden seien?

Nein, sagen wir, sind wir nicht.

»Follow me.« Es klingt nicht nach einer Bitte. Der Mann geht vor, wir sollen im Schritttempo folgen. Kein Wort, warum oder wohin. Alina fährt ihm nach. Noch tiefer dringen wir ins Viertel der Ultraorthodoxen vor, langsam werde ich wirklich nervös.

Zwei Straßen weiter verschwindet der Mann in einem Hauseingang, wir sollen warten. Eine Traube Frauen steht davor und schnattert, wir werden von allen Seiten begutachtet. Dann kommt der Mann wieder, aber nicht allein: Er hat einen Jungen und ein Mädchen bei sich. Der Junge ist rothaarig, trägt ebenfalls Hut und Anzug und ist vielleicht 18, höchstens 20 Jahre alt. Das Mädchen kommt mir noch um einige Jahre jünger vor. Sie ist schwanger, hochschwanger, sie hat Wehen, sie muss sofort zur Entbindung ins Krankenhaus! Der Mann verfrachtet die beiden, vielleicht sind es seine Kinder, aber das werden wir nie erfahren, auf unsere Rückbank. Englisch sprechen sie nicht, der Junge soll uns einfach per Handzeichen den Weg ins Krankenhaus weisen. Wir sind also der Krankenwagen! Jetzt verstehe ich auch seine Frage, ob wir Juden seien: Als Nicht-Juden brechen wir mit Autofahren wenigstens nicht den Schabbat, an dem ein religiöser Jude nicht mal einen Lichtschalter betätigen darf.

Wir finden das Krankenhaus und liefern die beiden wohlbehalten ab. Anschließend finden wir sogar unseren Kibbuz. Der Bürgermeister, ein Deutschprofessor, gibt uns eine Einführung in Politik und Geschichte Israels. Ein bekennender Pazifist, der sagt, dass er sich nichts sehnlicher wünsche als endlich Frieden zwischen Israelis und Palästinensern. Anschließend zeigt er uns stolz ein Porträtfoto seines Sohnes, der als Pilot Kampfjets in der israelischen Luftwaffe fliegt. Willkommen im Land der Widersprüche.

An unserem allerersten Tag sind wir im Mietwagen von Tel Aviv nach Haifa unterwegs, einer Hafenstadt im Norden. An einer Raststätte halten wir, Pinkelpause. Längst mag ich Alina, was auch gar nicht anders geht. Sie ist ein Energiebündel, klein und drahtig, hat einen Bubikopf, ist voller Sommersprossen und Ideen und kann sich lichterloh für Menschen und Dinge begeistern. Für unser kleines Abenteuer hat sie die Planung so ziemlich allein geschmissen, obendrein will sie unbedingt am Steuer sitzen. Längst habe ich ihr meine Sorgen anvertraut, was die Frauen angeht. An der Raststätte, über ihrem Latte macchiato, sagt sie ganz nebenbei einen Satz, der bei mir hängenbleibt.

»Was, wenn ich gerade so einen schwierigen Typen wie dich mag?«

Was, wenn. Blödsinn! Ich wische das weg, das ist doch eine hypothetische Frage, ein Gedankenspiel, mehr nicht. Wie immer halte ich das für abwegig.

Was, wenn.

In Jerusalem lernen wir die alte Charlotte kennen, die ein Deutsch spricht, wie ich es noch nie gehört habe: ein feines Vorkriegsdeutsch, wie konserviert, das sie in den dreißiger Jahren bei ihrer Auswanderung aus Nazideutschland mitgenommen hat, in ein Land, das lange noch nicht Israel heißen soll. Eine andere alte Dame, Gretel, die wir in ihrem Altenheim besuchen, bewirtet uns mit Schnaps und Erich-Kästner-Gedichten. Wen immer wir treffen, jedes Mal gelingt es Alina, im Handumdrehen die Herzen der Menschen zu erobern. Sie hat eine Gabe, sich demjenigen, der vor ihr steht, vollständig zuzuwenden. Offen steht sie da, ihren Kopf vorgeneigt. Ich bin da, ich bin ganz bei dir, sagt ihre Körpersprache. Alina fasst auch alle Menschen an, wirklich alle und einfach so, das gehört bei ihr dazu. Ich wette, sie würde auch die Bundeskanzlerin oder den Papst anfassen, sie kann gar nicht anders. Da bleibt auch den anderen nichts übrig, als sich zu öffnen. Alle lieben Alina.

Noch einmal Ortswechsel: eine Waldlandschaft.

Sie heißt Jana, hat lange blonde Haare, und wenn ich sie sehe, kommt mir sofort ein Wort wie Sonnenkind in den

Sinn; fast immer trägt sie ein breites Grinsen von links nach rechts quer übers ganze Gesicht. Sie studiert Medizin und ist außerdem begeisterte Tänzerin, Standard Latein, mit einem kleinen Faible fürs Reisen in Lateinamerika. Gerade stapft sie neben mir in klotzigen Wanderschuhen und schleppt einen Rucksack auf dem Rücken, der etwa so groß ist wie sie selbst. Seit ein paar Kilometern wandern wir schon nebeneinander her und reden über die Welt und Gott. Anschauen können wir uns dabei kaum, wir müssen aufpassen, wo wir die Füße hinsetzen. Der Weg ist schmal und an manchen Stellen abschüssig wie ein Badewannenrand. Es ist Sommer. Über uns lacht eine Sonne auf Spanisch, irgendwo linkerhand muss die Atlantikküste am Strand liegen, hinter uns Portugal und vor uns Santiago de Compostela, das Ziel der Pilger und Kerkelings dieser Welt. Wir sind auf dem Jakobsweg.

Jana und ich sind Teilnehmer einer Pilgergruppe von jungen Leuten, bestehend aus diskutierenden Franzosen, betenden Spaniern, mate-trinkenden Paraguayern, singenden Brasilianern und eben uns paar Deutschen. In einer guten Woche sind wir in Madrid mit dem Papst verabredet, der damals noch Benedikt heißt, zu einem kleinen, intimen Treffen, an dem außer uns nur eine knappe Million anderer junger Leute teilnehmen will, auf einem alten Flughafen bei Madrid. Alles und alle um uns herum kommen Jana und mir sehr fromm vor, wir pilgern unter Anleitung von Jesuiten, jeden Tag wird Gottesdienst gefeiert und gebetet. Jana sagt, religiös sei sie schon, aber fromm nicht, und es klingt, als sei ihr diese Unterscheidung wichtig. Das mit der Gemeinschaft in der Kirche gefalle ihr durchaus, aber für sich selbst und ihr Leben möchte sie doch selber zuständig bleiben. Vom Papst das Liebesleben einschränken lassen? Niemals! Eine grundsolide Einstellung, finde ich. Abends rollen wir Seite an Seite unsere Isomatten aus, im Pilgerlager in Turnhallen, in Kirchen, in Klassenzimmern. Eigentlich hab ich seit einem halben Jahr keinen Tropfen Alkohol angerührt, ohne besonderen Anlass, das hat sich in Verlängerung der Fastenzeit einfach so ergeben. Als wir am Ende unserer Pilgerschaft in Santiago ankommen, mache ich aber Schluss mit Abstinenz, ich will doch mit Jana anstoßen.

Vergangene Nacht hatte sie einen Traum, den sie mir unbedingt erzählen will. Darin hat sie ihren Freund gesehen, ihren Exfreund, von dem sie sich gerade erst getrennt hat, der sie aber bis hierher nach Spanien in ihre Träume verfolgt. Längst kenne ich die ganze Beziehungs- und Trennungsgeschichte, Zeit zum Reden haben wir ja genug. Immerhin, sie hat es geschafft, ihm nicht nachzurufen, sei es auch nur im Traum. Viel zu lange sei sie ihm nämlich hinterhergelaufen. Und dann, erzählt sie mir, habe sie noch jemanden im Traum gesehen, und gemeinsam wäre sie mit demjenigen fortgegangen, und hätte sich dabei ganz wohl gefühlt an seiner Seite.

Und dieser Jemand soll ich gewesen sein. Aber doch bloß ein Traum. Oder wie?

Ich lerne umwerfend tolle Frauen kennen, daran hat es nie gemangelt. Aber der Zweifel kann sich immer wieder gegen den Mut durchsetzen, es doch mal wieder zu versuchen.

Zweifel: »Lässt du die Finger von ihr! Du tust dir nur wieder weh! Du weißt doch, wie das immer endet.«

Hoffnung: »Aber schau doch, wie nett sie ist! Ich glaub, sie mag mich!«

Zweifel: »Selbst wenn ... lass es sein, das wird wieder nichts.«

Hoffnung: »Aber was, wenn doch?«

Zweifel: »Hast du nicht gehört? Lass die Finger von ihr! Willst du dir wieder weh tun?«

Ewig singt der Zweifel sein Mantra, und ich höre im Zweifel immer auf meinen Zweifel. Ziehe die Handbremse noch ein bisschen fester, vorsichtshalber. Rede mir ein, dass es allemal besser sei, wenn ich mir vornehme, mich nicht zu verlieben.

Was natürlich trotzdem passiert. Da hilft auch die beste Handbremse nichts. So sehr habe mich nicht im Griff, wie ich manchmal glaube. Ach, was soll's. Nur mal vorsichtig antesten, ein klein wenig die Handbremse lösen, um zu schauen was passiert. Hallo, Was-wäre-wenn, bist du noch da?

Ist es längst nicht mehr. Da ist höchstens noch ein Was-wäre-gewesen-wenn, ein Schatten, eine entwischte Möglichkeit. Liebe ist nicht nur eine Sache von Zuneigung, man darf auch seinen Einsatz nicht verpassen. Sogar die alten Griechen hatten das schon gewusst, die waren schlau und hatten neben Chronos, der Uhrzeit, sogar einen eigenen Begriff dafür: Kairos, der rechte Augenblick. Den kann man erwischen oder eben verpassen. Verlieben geht nicht allezeit, die Liebe hat ihre Öffnungszeiten. Ich bin ein Meister darin, den rechten Augenblick zu verpassen. Was ich immer erst mitkriege, wenn er gerade an mir vorbeigezischt ist, das mag in der Natur der Sache liegen, und dann hechle ich ihm hinterher, aber er ist schneller, und ich habe sowieso viel zu wenig Ausdauer und muss bald aufgeben, mit Seitenstechen und Herzschmerzen. Hat der olle Zweifel also wieder recht behalten! Und dann komme ich auf so dämliche Gedanken, wie mir künftig vorzunehmen, dass ich mich nicht wieder verlieben will. Als könnte ich mir so was vornehmen.

Wenn ich jemanden wie Jelena, Alina oder Jana treffe, wird in meinem Kopf der rote Teppich ausgerollt: Filmpremiere. Es läuft immer der gleiche Film, allerdings in halb wechselnder Besetzung. Dieser Film ist die Fortsetzung des Was-wäre-wenn in meiner Phantasie. Ich male mir in den buntesten Farben aus, wie es wäre mit Jelena, Alina oder Jana, ein ganzer Kinofilm mit Popcorn und Überlänge, mit Knutschen, Kinderkriegen und Rente, mal mit, mal ohne Häuschen, sonst aber mit allem drum und dran.

In der Realität fängt Jelena irgendwann an, mich mütterlich zu beraten. Du musst raus und Frauen kennenlernen!, sagt sie. Was glaubst du, was ich gerade tu?, denke ich, sage es aber nicht. Alina trifft in der Altstadt von Jerusalem einen Straßenkünstler, dem sie fortan ihre ganze Aufmerksamkeit widmet. Mit Jana geht die Pilgerei zu Ende, sonst passiert eigentlich nichts.

Was wäre wenn. Wie, verflixt nochmal, mache ich daraus ein Ist?

GUTER RATSCHLAG
NR. 11

Sebastian: »Du musst authentisch sein, das ist das Geheimnis! Sei einfach du selbst, das kommt bei den Frauen am besten an.«

HINTERM BERG

Da zieht einer aus, die Liebe zu finden. So weit, so gewöhnlich. Doch ist es seine allererste Liebe, ja die Liebe selbst, die er aufzustöbern hofft, bislang zwar vergeblich, aber noch hofft er. Ein Weilchen sucht er schon, 15 ist er seit 14 Jahren nicht mehr gewesen. Alle anderen, einst gemeinsam mit ihm gestartet, sind weit vorausgeeilt, längst haben sie Liebe gefunden und sind inzwischen mit praktischen Angelegenheiten wie Ehe, Windeln und Scheidung beschäftigt. So ist er inzwischen allein unterwegs, mit Sack und Pack hat er sich auf die löchrigen Socken gen Liebe gemacht, oder was er für die richtige Richtung hält. Er läuft und läuft – bis sich ihm eines Tages ein Berg in den Weg stellt, unüberwindlicher als ein Türsteher im Berghain, kein Weg will links oder rechts daran vorbeiführen. So hoch ragt dieser Berg in den Himmel, dass er die Kumuluswolken oben bequem am Bauch kraulen kann, was die sich gern gefallen lassen. »Puh!«, denkt sich der eine, der ausgezogen ist, als er den Kopf in den Nacken legt und zum Gipfel und den Wolkenbäuchen aufschaut, »das sieht fast aus, als hätte ich keine andere Wahl, als müsste ich dort hinüber.« Denn hierbleiben, diesseits des Berges, das kommt jedenfalls nicht in Frage. Viel zu lange schon steckt er auf dieser Seite fest. Wozu wäre er sonst ausgezogen? Und wo sollte er sonst hin? Alle Wegweiser deuten mit dem Zeigefinger geradewegs über den Berg. Jeder will da hinüber! Und irgendwo muss ein Weg langgehen, das haben doch so viele schon geschafft. Hinterm Aufstieg soll sie liegen, diese Liebe, so sagenumwoben, dass Tag um Tag 3165 neue Lieder über sie komponiert und 27124 neue Liebesvideos bei YouTube hochgeladen werden, vielleicht auch ein paar mehr. Dort soll es all die Knutschflecke geben und die Bettdeckenakrobatik und die wärmesuchenden Füße und die Zweiseligkeit und die Verwuschelhaare und wer weiß was noch alles von dem, was der eine, der ausgezogen ist, sich schon immer wünscht. Dort hinterm Berg.

Als er sich vorm Berg umschaut, muss er feststellen, dass er nicht länger allein ist. Nach langer einsamer Wanderschaft ist er hier auf eine Schar anderer Sucher gestoßen. Da scheint eine regelrechte kleine Völkerwanderung im Gange zu sein, nur lässt sich von Völkern wohl kaum sprechen, wo doch alle für sich allein unterwegs sind, alle Singles von Nah und Fern auf Solo-Wanderschaft. Hier am Fuße des Berges stauen sie sich. Da stehen sie und gucken nach oben und kriegen vor Sehnsucht Nackenstarre wie im Kino erste Reihe. Sie erzählen einander die tollsten Geschichten, die sie von drüben gehört haben, darüber, wie es dort zugehen soll. Und reden sich ihre Sehnsucht immer größer, und ganz nebenbei wird auch der Sack der Unzufriedenheit immer dicker und schwerer, den sie mit sich schleppen, mit einem Kummerstein für jeden Tag, den sie diesseits des Berges festhängen. Der Ausgezogene hört genauer hin, wie sie so reden, und in welchem Dialekt. Er fragt sich nämlich, ob da was dran ist, dass vor allem Berliner und Münchner sich hier versammeln, angeblich buhlen diese beiden Städte um den Titel als Single-Hauptstadt Deutschlands. Kein Wunder, dass da eine ausgewachsene Völkerwanderung unterwegs ist: Wo Singles eine eigene Hauptstadt haben, möchte keiner wohnen!

Karg ist die Landschaft vorm Berg nicht, im Gegenteil: Hier brummt ein ausgewachsener Jahrmarkt mit allem Drum und Dran, ein Basislager vorm Aufstieg, mit Buden und Ständen und Zelten. Erst auf den zweiten Blick kann man erkennen, dass es keine Mühlhäuser Stadtkirmes ist. Es fehlt der Geruch von Bratwurst und Dixiklo, der über Buden und Zelte wallert, es fehlen Karussells und Schießbuden und all der Jahrmarktzucker – nirgends gäbe es nur einen einzigen schokolierten Apfel zu kaufen, oder Waldblüten-Imkerhonig, oder Kopfhautkratzer oder finnische Fellhandschuhe. Nicht ein einziger Besucher reihert in die Rabatten wegen zu viel Met oder Glühwein. Und doch ist es aldifeierabendsschlusslaut, ein Lärm und Durcheinander beherrscht den Fuß des Berges, dass man sich die Ohren zuhalten möchte! An jeder Ecke, in allen Buden, an tausend Ständen sind Marktschreier am Werk, sie krakeelen und grölen um die Dezibelwette. Wo ist das Ordnungsamt, wenn man es mal braucht? – Was sie anpreisen und verkaufen wollen? Wege ins Glück, was sonst! Wanderkarten, Navigationsgeräte, Atlanten, Routenpläne, GPS-Koordinaten. Jeder Marktschreier hat seinen Weg über den Berg hinüber zur Liebe anzupreisen, den kürzesten, den unbeschwerlichsten, den todsicheren, den wissenschaftlich fundierten. Jeder reklamiert aus vollem Hals und mit geschwellter Brust den überhaupt einzigen Weg hinüber ins geliebte

Land. Wenn man denen glaubt, sollte man besser gleich zugreifen, denn billiger als gerade wird es nicht mehr.

»Speeddating, sechs Frauen an einem einzigen Abend, und ich muss verrückt sein – wenn du gleich mitmachst, pack ich noch eine siebente obendrauf!«, tönt eine beleibte Frau in karierter Schürze und fischt mit einer Zange nacheinander sechs ölige Blondinen aus einem Fässchen, wickelt sie in Zeitungspapier und schwenkt das triefende Bündel. Oder sind es doch Fische? Der Ausgezogene zieht weiter.

»Flirten, lernen Sie flirten! Verwandeln Sie sich vom Stotterhasen in 37 einfachen Schritten zum Flirtbock! Das kann jeder lernen, selbst ein hoffnungsloser Fall wie Sie!«

Bei diesen Worten sieht der Schreihals mit seiner Frisur wie in Gel getunkt unseren Ausgezogenen frontal an! Der denkt: »Meint der etwa mich? Welche Frechheit, woher will der denn bitte schön wiss…« – aber da krakeelt der Schreihals schon weiter.

»Lernen Sie die geheimen Tricks der Anmache, jetzt auch im Zwei-Jahres-Abonnement!«, schreit er. Bloß weg.

Und ein Dritter, ein Glatzkopf mit windschiefem Ironie-Lächeln, reißt sich die obersten Hemdknöpfe auf, lässt das Haar hervorwallen, trommelt sich an die Brust dahinter und grunzt: »Wecken Sie den Mann in sich! Entdecken Sie Ihren Neandertaler und schmeißen Sie den netten Typen endlich aus sich raus! Schluss mit dem ewigen Kumpel, werden Sie Eroberer, werden Sie der, dem keine Frau widerstehen kann!« Fast mag man sich wundern, dass der nicht auch Steinzeitkostüme und Keulen verkauft.

So tönt es von hier, so tönt es von dort, so tönt es überall vorm Berg. Das Single-Volk stolpert durcheinander über den Markt, und es kauft, kauft, kauft. Niemand kommt an diesem Markt und seinen Versuchungen vorbei, niemand würde auf den aberwitzigen Gedanken kommen, den Aufstieg etwa auf eigene Faust zu versuchen. Fast niemand.

Im Nachhinein würde ich gern behaupten, ich wäre schlauer gewesen, ich hätte das durchschaut, vielleicht habe ich das sogar, aber es hilft nichts, ich stolpere mit und kaufe mit. Probier es aus, kann doch nicht schaden!, sagen meine Freunde so oft, bis ich es irgendwann selber glaube. Was soll es schaden? Vielleicht bringt es dir ja doch was! Was hast du zu verlieren? Im schlimmsten Fall nur ein bisschen Geld.

Also versuche ich es mit Speeddating.

Gibt es das überhaupt noch? Die Datingwelt dreht sich so schnell ... Damals ist Speeddating grade die heißeste Kartoffel, ofenfrisch aus Amerika. Speeddating also, auf jeden Fall effektiv: sieben Frauen an einem einzigen Abend! Immerhin muss ich mich dafür fünf Wochen vorher anmelden, die sieben Frauen scheinen gefragt zu sein. 30 Euro soll ich außerdem schon vorab überweisen, dafür wird mir anschließend per E-Mail gratuliert: Wolfram, das war die beste Entscheidung deines Lebens, dein Liebesglück ist nicht mehr fern!

Im Münchner Park-Café haben sie sieben Zweiertischchen zu einer langen Tafel zusammengeschoben, alle Tische nummeriert und mit Papierherzen in Weiß und

Rot dekoriert. Die Tafel steht aber nicht etwa im Séparée wie erhofft, sondern mittendrin im Sonntagnachmittags-Cafégebrumm. So muss das in Rom im Kolosseum gewesen sein. Oben sitzen sie ringsum auf der Tribüne, die alten Römer, und schlürfen ihren Latte, während unten die Löwen und Gladiatoren hereingeführt werden. Was bin ich? Am ehesten fühle ich mich wie Löwenfutter. Die normalen Cafégäste warten schon auf das Spektakel, lauter Paare beim Single-Raten. Ob sie Eintritt dafür gezahlt haben? Ich kann sie förmlich tuscheln hören: »Guck mal da hinten, der blonde Pummel am Rand im schwarzen Kapuzenpulli, wie der sich herumdrückt, bloß um nicht aufzufallen, dreimal ist er schon rausgegangen und wieder hereingekommen. Wetten, der ist auch einer vom Speeddating?«

Eine großzügig geschminkte blonde Frau trommelt uns Teilnehmer aus den Ecken zusammen, Verstecken ab sofort zwecklos. Zur Begrüßung bekommen wir Sektgläser zum daran Festhalten. Schnaps wäre mir lieber! Die Cafégäste auf den Rängen scheinen sich in Zuschauerposition zu rücken: Die Spiele können beginnen! Übrigens, muss uns die Veranstalterin da noch mitteilen, eine der Damen habe leider kurzfristig abgesagt, dafür sei nun ein Herr mehr dabei. Moment mal! Im Kopfrechnen war ich zwar nie helle, aber wie ich auch addiere, ich kann für uns männliche Teilnehmer nicht auf ein günstiges Ergebnis kommen. Hilft aber nichts, das Speeddating nimmt Fahrt auf. Die Regeln sind schnell erklärt, die Damen dürfen zuerst Platz nehmen – und sitzenbleiben. Vor ihnen verteilen sich die Herren auf die freien Plätze. Startschuss erfolgt per Gong, und wenn nach sieben Minuten der Gong das nächste Mal ertönt, wandern die Männer einfach einen Platz weiter zur nächsten Dame. Das ist alles. Weil ich nicht schnell genug bin, muss ich mich an einen der zwei leeren Tische setzen und starte mit einer Pause, bei acht Männern auf sechs Frauen müssen immer zwei warten. Dann gongt es wieder, und ich rücke weiter zum nächsten Tisch mit der Nummer 3.

»Hallo, Nummer 3, ich bin Wolfram!«

Die Begeisterung von Nummer 3 über ihre Nummerierung hält sich in Grenzen, zur Strafe kriege ich bloß Fingerspitzen beim Händeschütteln gereicht. Ich beschließe, den Scherz auf keinen Fall zu wiederholen.

»Ich heiße Bianca!«

»Du Arschloch« sagt sie zwar nicht, aber so wie unser Gespräch anläuft, scheint sie das von der ersten Sekunde an zu denken. Es werden die längsten sieben Minuten des Abends.

Auf Bianca folgen Marie, Sofia, Lucia, Steffi und Susanne. Männer wie Frauen machen sich Notizen. Begattungssuchende auf der Parade der guten Partien. Am Ende aller sieben Minuten fällen wir per Kreuzchen auf einem Formular unser Urteil, diskret natürlich, der oder die andere soll es ja nicht mitbekommen. Freie und geheime Wahl, stimmen Sie bitte jetzt ab: Wiedersehen ja/nein?

Sie habe sich übrigens, das müsse sie vorab unbedingt loswerden, gar nicht selber hier angemeldet. Eine liebe Freundin sei das gewesen, die ihr das Speeddating zum Geburtstag geschenkt habe. Und ein Geschenk dürfe man schließlich nicht ablehnen. Diese Erklärung bekomme ich von allen Sechsen zu hören. Damit man bloß nicht auf den Gedanken kommt, eine von ihnen hätte Speeddating nötig.

Ich schon. Sechsmal kreuze ich Ja an, nach jedem der Gespräche. Wiedersehen? Selbstverständlich! Alles eine Frage der Wahrscheinlichkeitserhöhung. Wenn nur eine der Damen bei mir auch Ja ankreuzt, dann – das hat die blonde Frau Speeddating am Anfang versprochen – dann bekommen wir hinterher gegenseitig unsere Nummern zugeschickt. Was wir dann daraus machen, liegt ganz bei uns.

Leider kreuzt keine der Frauen Ja bei mir an. Sechsmal nichts an einem einzigen Abend, und das für 30 Euro. Das hätte ich selber kaum besser hinbekommen. Nur billiger.

GUTER RATSCHLAG

NR. 12

Katharina: »Ich finde, du solltest nicht jammern. Denk dran, es gibt immer noch welche, die schlechter dran sind als du.«

ESTHER

Lautsprecherdurchsage am Bahnsteig.

»... aus Leipzig zur Weiterfahrt nach Warnemünde wird voraussichtlich zehn Minuten später eintreffen.«

Verspätung. Ausgerechnet dann, wenn ich mal zehn Minuten Verfrühung habe! Was noch seltener vorkommt als eine pünktliche Bahn, außer – außer ich will ein Mädchen vom Zug abholen. Danke, Bahn! Wie schaffst du das auf der Strecke von Leipzig nach Berlin?

Also 20 Minuten warten, das heißt mindestens siebenmal den ganzen Bahnsteig rauf und runter. Während ich lostigere, fängt es im Bauch an zu rühren. Knetet da jemand Kuchenteig, wird da Wäsche gewaschen? Immer rum im Magen, linksdrehend. Selbst achtsames Chakra-Einatmen, wie man das beim Meditieren für Anfänger lernt, will den Bauch nicht beruhigen. Einatmen, ausatmen. Keine Reaktion. Vielleicht hilft schneller tigern und Leute zählen? Mit mir warten am Gleis 7 des Berliner Hauptbahnhofs zwischen den Abschnitten A und F in umgekehrter Personenreihung: fünf mutmaßlich halbe Paare auf ihre bessere Hälfte, einmal mit Hund, einmal mit Kinderwagen, einmal mit Zigarette. Wenn ich selber irgendwo mit dem Zug ankomme, zum Beispiel in München, dann trödele ich immer so lange beim Aussteigen, bis ich der Letzte bin und die Bahnsteig-Knutscherei lange vorbei ist. Aber weiter. Zwei Paar Großeltern. Acht Tauben, aber diese Zahl fluktuiert. Ein Anzugträger, das Rollköfferchen akkurat an den Fußspitzen ausgerichtet. Ein Kerl mit Glatze und Tätowierung, hinterm Rücken verschämt eine Rose versteckt. Eine Rose! Vielleicht hätte ich auch eine mitbringen sollen? Zu spät, das schaffe ich nun nicht mehr, trotz Verspätung. Warum fällt mir so was nicht eher ein? Wenn ich noch rauchen würde, würde ich jetzt rauchen. Während ich weitertigere, füllt sich der Bahnsteig, vor allem mit mehr Anzugträgern und Rollköfferchen. Wo wollen die hin, heute, am 31. Dezember?

Irgendwann fährt der Zug ein. Mein Magen legt eine Umdrehung zu.

Esther hält mir förmlich die Hand hin und mich damit auf Abstand. Dabei hatte ich mir fest vorgenommen, sie zur Begrüßung zu umarmen. Stattdessen Flossen- und Floskel-Austausch. Sie: Lange warten müssen? Ich: Gute Fahrt gehabt? Ihre schwarzen Haare reichen sogar im Zopf bis an den Gürtel, der ihrem bodenlangen Mantel Marke Mittelalter-Maid eine Taille verleiht. Drunter lugen Stiefel hervor, die mich entfernt an Springerstiefel erinnern, aber da kann ich mich täuschen. Mit ihrem gigantischen Rucksack wirkt Esther ein bisschen wie eine Schnecke auf mich. Ob sie sich in ihr Schneckenhaus zurückzieht, falls ich ihr zu nahe komme? Ich finde, sie hat ein hübsches Gesicht, im Kinn ein Grübchen, Augen im satten Schwarz der Haare, darüber kräftige Brauen. Traurige Augen. Ihre Stiefel geben beim Gehen den Takt an. Klock, klock.

Eine gute Stunde und viele Klocks später packt Esther

ihren Rucksack aus und baut Kleiderstapel auf dem Schlafsofa. Für ein Wochenende hat sie eine beachtliche Garderobe dabei: Kleider, mehr Kleider, Waschtasche mit Platz für eine Badewanne, ein Haarbürstensortiment, das locker für einen Friseursalon gereicht hätte, und noch mehr Kleider. Wir sind in der Wohnung meines Bruders, allerdings ohne Bruder, der ist über Silvester nicht da. Wochenende und Wohnung haben wir also ganz für uns. Ich, zu Silvester zum ersten Mal allein mit einem Mädchen: gut möglich, dass von dieser Konstellation mein Bauchrühren herrührt.

Gesehen haben wir uns noch nie, und doch kennen wir uns schon ziemlich gut. Aus dem Internet, woher auch sonst. In einer seiner schmuddeligen Ecken, einem Sex-Forum, sind wir uns über den Weg gelaufen, wo es unverblümt zugeht, hier tauscht man sich über Praktiken aus und verabredet sich, um ohne Umschweife zur Sache zu kommen. Wer wen zuerst angeschrieben hat, habe ich vergessen, aber irgendwie bleiben wir aneinander hängen. Schon im Chat gestehe ich ihr: Übrigens, ich habe noch nie. Geht mir genauso, schreibt sie zurück. Damit überrascht sie mich. Ach so, Mädchen haben diese Sorgen auch? Das war mir noch nicht bewusst. Esther ist überhaupt die Erste, die ich kennenlerne, der es so ähnlich geht wie mir. Nächtelang schütten wir uns beim Chatten unsere Herzen in die Tastaturen. Wir verstehen uns, aber wichtiger noch, für mich jedenfalls: Endlich fühle ich mich mal verstanden!

Ob wir uns nicht auch richtig kennenlernen wollen?

Wir wollen. Und verabreden uns spontan für Silvester, wir haben beide nichts Besseres vor. Mit wem ich mich da verabrede, ist mir durchaus bewusst. Von wegen unverblümt und ohne Umschweife, wahrscheinlich eher doppelt verblümt und verschweift. Aber habe ich mir das bloß eingebildet, oder hat da beim Chatten was zwischen uns in der Luft gelegen? Wer weiß. Vielleicht wäre es gerade das Richtige, wenn zwei wie wir es miteinander versuchen, die beide noch nicht haben.

Seit Weihnachten bin ich schon in Berlin, weil wir hier seit Jahren mit der ganzen Sippschaft in der Wohnung meines Bruders feiern. Die Sippschaft ist längst wieder nach Hause gefahren, der Bruder feiert Silvester woanders, und Esther und Leipzig liegen gleich um die Ecke. Was läge also näher, als sie hierher einzuladen?

Außerdem teilen wir beide eine innige Abneigung gegen Silvester: Das ist einer dieser Termine, an denen glücklichen Paaren nicht zu entkommen ist. Für uns bedeutet Silvester bloß: wieder ein Jahr allein geblieben, und aller pessimistischer Erfahrung nach ein weiteres solches Jahr vor uns. Wenig Grund also zum Anstoßen. Aber allein zu Hause bleiben ist auch wieder keine gute Idee für diesen Abend. Alles schon probiert.

»Übrigens, ich sag das mal lieber gleich: Ich glaube, das mit uns wird nichts. Das habe ich vorhin als Erstes gedacht, als ich aus dem Zug gestiegen bin und dich von weitem gesehen habe.«

Ich muss mich zusammenreißen, um bei so einer direkten Ansage nicht enttäuscht oder beleidigt zu klingen. »Wie kannst du das denn wissen, bevor du ein einziges Wort mit mir gesprochen hast?«

Esther schaut vom Auspacken auf. »Du hast gegrinst. Die ganze Zeit, als ich auf dich zugegangen bin. Ich will keinen Mann, der mich mit einem dämlichen Grinsen empfängt.«

Gut, das Bauchrühren wäre ich damit los. Dann ist es also auch kein Versäumnis gewesen, sie nicht mit einer Rose zu empfangen?, frage ich sie.

Esther lacht, aber es klingt wie ein Peitschenhieb. »Eine Rose? Ha! Dann wäre ich auf der Stelle wieder zurückgefahren! Bloß gut, dass du keine dabei hattest!«

Aus meinem Plan, mir ein Zimmer mit ihr zu teilen, wird nichts. Esther beschlagnahmt Gästecouch und Wohnzimmer, ich muss mit der Klappmatratze ins Arbeitszimmer nach nebenan ziehen.

Irgendwie entwickeln sich die Dinge anders als erhofft.

Eigentlich wollten wir gleich weiter in die Stadt ziehen, aber dann verbarrikadiert sich Esther eine kleine Ewigkeit im Badezimmer und funktioniert es um in eine finnische Dampfsauna. Anschließend braucht sie ungefähr noch mal so lange zum Bürsten ihrer Haare. Ungebürstet können wir auf keinen Fall los. Ob das mit Silvester dieses Jahr noch was wird?

Es wird. Am Wittenbergplatz besorgen wir Jahresendverpflegung: Wir werfen Wraps ein, in bio, vegan, öko und ungebleicht, wie sich das für Berlin gehört. Leider verschlingen wir mit den Wraps auch bereits das halbe Budget des Abends, aber Hunger hab ich immer noch. Die zweite Budgethälfte investieren wir bei Kaiser's in Rotkäppchen halbtrocken, Chips und Schokorosinen. So ausgerüstet, machen wir uns endlich auf den Weg zur Partymeile ans Brandenburger Tor. Das kostet dort wenigstens keinen Eintritt, nur meine Überredungskünste, denn Esther graust es vor Menschenmassen. Ist bestimmt noch nicht voll, beruhige ich sie, die meisten kommen doch erst kurz vor Mitternacht.

Nur scheinen das die meisten nicht zu wissen. Als

wir ankommen, sind noch weit über zwei Stunden Zeit, aber die Partymeile scheint in einer anderen Zeitzone zu liegen, längst wird hier geböllert und gefeiert und gegrölt, als sei das neue Jahr schon angebrochen, die ganze Gegend quillt über vor Menschen, guter Laune und schlechter Musik. Von der Seite drängeln wir uns mitten hinein. Zwar können wir von hier nichts vom Brandenburger Tor sehen, von dem wir wahrscheinlich so weit weg sind wie vom Eiffelturm. Aber weiter nach vorn möchte Esther nicht. Wir erarbeiten uns mit Drängeln und Schubsen einen Stehplatz für Zwei, tänzeln mit angezogenen Schultern um die eigene Achse, nicht wegen der Partymusik, sondern um nicht vor Kälte zu erstarren. Wie Polarforscher pusten wir unsere Finger frostfrei und machen Atemwölkchen in die Silvesterluft, neben die Wölkchen der Wunderkerzen. Uns ist nach ein paar Minuten trotz Winterklamotten schon so kalt, als stünden wir mindestens seit Mittag hier. Wir schlottern, dabei haben wir im Gedränge sogar ungewollt innigen Körperkontakt zu allen Menschen um uns herum.

Und dann ist Esther verschwunden.

Ich suche rings um mich die Köpfe ab, kann sie aber nicht entdecken. Vielleicht ist sie auf Toilette gegangen? Ich warte fünf, zehn, fünfzehn Minuten – keine Esther. Um den Platz, wo sie bis eben noch gestanden hat, fange ich an, Kreise zu ziehen, drängle und schubse mich spiralförmig durch die Partywogen, die ich wie ein Schwimmer mit den Händen zerteile, stoße dabei an Plastikbecher, verkleckere fremden Sekt und mache mir wenig Freunde. Warum ist sie verschwunden? Ich klingele sie an, jedenfalls versuche ich es, aber ihr Handy ist aus.

Seitlich drücke ich mich aus der Menge in Richtung Absperrgitter, klettere daran hoch, bleibe hängen und stürze fast darüber zu Boden, kann mich gerade noch fangen und mache mich auf zur U-Bahn. Esther hat keinen Wohnungsschlüssel, anrufen kann ich sie auch nicht.

Am Eingang zur U-Bahn steht sie und wartet auf mich. Sie sieht aus, als habe sie geweint, aber ich frage besser nicht nach.

Sie habe weg gemusst, sagt sie, raus aus der Menge, ganz gleich und plötzlich, es sei ihr zu viel geworden, zu laut, zu eng. Dann war auch noch der Akku leer, also konnte sie mich nicht anrufen. Schließlich sei ihr nichts Besseres eingefallen, als an der U-Bahn auf mich zu warten. Ich solle ihr nicht böse sein.

Eine gute Stunde vor Mitternacht setzen wir uns in eine menschenleere Bahn Richtung Wohnung. Hier gibt es Platz, hier ist es warm, in der U-Bahn sollten wir feiern! Um Mitternacht stoßen wir auf dem Balkon an, eine Viertelstunde später gehen wir schlafen. Silvesterparty interruptus.

Den Neujahrstag verbringen wir in besserer Gesellschaft, weniger schnapsselig, weit weniger gedrängt und immer noch deutlich wärmer: mit Muscheln, Fadenwurmversteinerungen, Brontosaurierfußtapsen und Säbelzahntigerbackenzähnen.

Wir sind im Naturkundemuseum.

Esther war es, die unbedingt hierher wollte. Die Säle sind bevölkert von Eltern und ihren Kindern. Die sind zwar auch nicht eben leise, aber auszuhalten und allemal angenehmer als knutschende Paare und grölendes Partymeilenvolk, das jetzt sicher noch seinen Rausch ausschläft. Der erste Ausstellungssaal ist auf dem neuesten Stand der Museumstechnik – von 1850. Präparate in Holzkästen hinter Glas, sorgsam aufgereiht und beschriftet. Auf Kärtchen und Schildern erfahre ich lateinische Namen und Lebensläufe von Flusskrebsen und Urwürmern.

Die eigentliche Entdeckung mache ich aber nicht in den Vitrinen, sondern davor: Esther. Zwischen totem Zeug wird sie auf einmal lebendig. Jeden versteinerten Wattwurmpups studiert sie. Zweimal bin ich schon durch den ganzen Saal und habe das Gefühl, ich könnte hier langsam Führungen anbieten, da steht sie immer noch fast am Anfang. Ich möchte wetten, wenn ich sie nach so einem Flusskrebs frage, kann sie mir aus dem Gedächtnis den Stammbaum bis zu den Urenkeln aufzählen. Falls Flusskrebse Urenkel haben.

»Ich geh schon mal weiter, ja?«, kündige ich vorsichtshalber an. Nicht dass sie plötzlich wieder verschwindet.

»Jaja«, brummt sie, ohne aufzuschauen. Die Würmer findet sie eindeutig interessanter als mich.

Zu meinem Glück wurde in anderen Räumen des Museums schon elektrischer Strom verlegt, hier und da flimmert sogar ein Bildschirm, es gibt pädagogisch wertvolle Modelle zum Anfassen und, Achtung, Be-Greifen.

Noch nie ist mir jemand mit einer solchen Ausdauer für Museen begegnet wie Esther. Meine Aufmerksamkeit ist nach 30 Minuten alle, anschließend gehe ich bloß noch so an den Ausstellungsstücken vorbei. Allerspätestens nach zwei Stunden muss ich an die Luft, sonst kriege ich einen Museumskoller.

Esther sieht aus, als könnte sie Tage im Museum verbringen.

So halten wir das die Silvester der nächsten Jahre: Wir

besuchen uns gegenseitig dort, wo wir gerade wohnen, auf Berlin folgen Leipzig, München, Magdeburg und noch mal Leipzig. Wir stoßen an und prosten uns zu, gehen früh schlafen – und am Neujahrstag ins Museum. Als das Leipziger Grassimuseum schließt, muss ich Esther mit Hilfe eines Wärters an Händen und Füßen raustragen, jedenfalls beinahe. Im Deutschen Museum in München, der weltgrößten Technikausstellung, fängt sie an, mit den angestellten Physikern über Supraleiter zu diskutieren, dass ihnen und mir die Ohren schlackern.

In Esther habe ich eine Verbündete gefunden. In vielen Dingen sind wir uns ähnlich, sie ist wie ich, nur in weiblich. Sie hatte noch nie was mit einem Mann, sehnt sich zugleich nach nichts mehr als nach einer erfüllenden Beziehung. Was das angeht, brauchen wir uns nicht viel erklären, mit ein paar Worten verstehen wir ganz gut, wie es dem anderen gerade geht. Manchmal ist das schon wohltuend, sich verstanden zu fühlen. Mir ist die Freundschaft zu Esther wichtig, auch wenn sie mein Grinsen dämlich genannt hat.

Dann ist sie aber auch wieder ganz anders als ich.

Esther: »Ich habe das Gefühl, wo ich wohne, gibt es nur Studenten und Proleten. Wo sind denn die guten Männer?«

Ich: »Das glaub ich nicht, Männer gibt's doch überall. Du brauchst ja nur einen.«

Esther: »Ja, aber Studenten sind mir zu jung. Und nach dem Studium gehen sie weg von hier, weil es in Magdeburg keine Arbeit gibt. Die intelligenten Männer über 30 sind alle fort. Unter denen, die hierbleiben, finde ich keinen.«

Ich: »Ich würde vermuten, das ist weniger eine Frage der Anzahl, mehr eine Frage deiner Wahrnehmung.«

Esther: »Was nehme ich denn wahr?«

Ich: »Na ja. Wenn du nicht gleich einen siehst, der dir gefällt, schließt du daraus, dass es gar keinen gibt. Vielleicht solltest du dir überlegen, wo die Männer sind, die dir gefallen?«

Esther: »Ich weiß nicht, wo ein Mann hingeht, der mir gefallen könnte. Dort, wo ich ihn erwarte, ist er nie. Im Internet hab ich noch keinen gesehen. Und die Wahrscheinlichkeiten, in Magdeburg jemanden zu treffen, sind schon gering.«

Ich: »Klar, einfach ist es nicht, jemanden zu treffen, der einem gefällt. Das kommt eben selten vor. Aber geht es um Wahrscheinlichkeiten und Zahlen? Von ein paar missglückten Versuchen darauf zu schließen, es gäbe überhaupt keine Männer – stehst du dir da nicht selber im Weg? Die Nadel im Heuhaufen suchen wir doch alle. Um sie zu finden, müssen wir uns mit Karacho immer wieder in den Heuhaufen hineinwerfen und drin herumwühlen. Es reicht nicht, mit verschränkten Armen davor zu stehen und zu sagen: Ich kann doch schon von hier sehen, dass da keine Nadel drin ist.«

Wenn ich Esther schon so gutgemeinte Ratschläge gebe, warum befolge ich die dann eigentlich nicht selber?

An Frauen, die mir gefallen, hat es nie gemangelt – in dieser Hinsicht sind wir völlig verschieden. Esther hat so gut wie noch nie ein Mann gefallen. Aber auf gute Ratschläge reagiert sie ganz genauso begeistert wie ich. Hätte mir einer so was gesagt, ich hätte genauso wie sie mit verschränkten Armen dagestanden und gedacht: Du hast gut reden!

Wir möchten verstanden werden. Aber helfen können wir uns wohl doch nur selbst.

GUTER RATSCHLAG

NR. 13

Amerikanischer Sitznachbar im Flugzeug: »You have to want it. That's all. If you want it, you will find a girl. You can do it.«

VOM WARUM UND VON BEGINNERN

Blind vor Liebe: eine anerkannte Diagnose, eine weit verbreitete Krankheit. Wie man sich diese Blindheit einfängt, darüber fischt die Forschung noch im Trüben, da wurden noch nicht genügend Studien gefälscht. Fest steht, fast immer soll eine zweite Person beteiligt sein. Die Liebesblindheit kann so ziemlich jeden befallen, immun ist keiner dagegen, nicht mal Kondome schützen. Bekommt sie einer, dann tritt sie meistens heftig auf wie ein Fieber, und manche kriegen sie sogar mehrmals. Liebe schlägt auf Augen und Herz, aber welches dieser beiden das wichtigere Sehorgan wäre, das gemeine Glubschauge oder das Man-sieht-nur-mit-dem-Herzen-gut-Herz nach Saint-Exupéry: Da sind sich Experten uneins. Ist ja auch ihre Aufgabe, das Uneinssein. Dem Liebesblinden helfen weder Pillen noch Brillen, er kann das nur aussitzen, das geht von allein weg, wenn er Glück hat. Hat er aber Pech, und Glück in der Liebe scheint fast so selten zu sein wie Heuhaufen mit Nadeln, ich habe letztere außerhalb von Metaphern jedenfalls noch nie zu sehen bekommen – bei Pech also wird ihm spätestens von der Realität seine rosa Brille von der Nase geschlagen. Das tut weh, dabei geht die Brille zu Bruch, die Realität kann brutal sein wie der fiese Prügelotto auf dem Schulhof. Wenigstens ist die Liebesblindheit damit vorbei.

Bei mir steht es freilich anders. Was ich mir eingefangen habe, ist keine anerkannte Diagnose, auch wenn es möglicherweise kaum weniger verbreitet ist. Denn, so wurde mir unter einem besonders dicken Deckmantel der Verschwiegenheit, quasi dem Winterverschwiegenheitsdeckmantel, zugesteckt: Selbst meine Sorge, ob man überhaupt mal jemanden findet oder für lange und ewig allein bleiben muss: Selbst diese Sorge soll die meisten Menschen mal befallen. Und sei es bloß für einen Augenblick. Wie viele das betrifft? Zahlen liegen im Dunkeln, und da bleiben sie liegen: Niemand mag zugeben, wenn er diese Sorge kennengelernt hat. Ebenso wenig, wie jene es zugeben wollen, bei denen die Sorge sich dauerhaft einnistet. Der eine wie der andere will nicht darüber sprechen, aber das hatten wir schon.

Was ich zu gern mal wüsste: Ist da wirklich kein bisschen Liebe übrig für mich, wie ich immer glaube – oder kann ich sie nur nicht sehen? Leide ich am Ende etwa unter einer anderen amourösen Sehstörung: Bin ich nicht blind vor, sondern *für* die Liebe?

»Warum ist das so bei dir, warum kannst du keine finden?«, fragt mich mein Kumpel Martin. Wie alle zwei Wochen sitzen wir im Schelling-Salon auf der Schellingstraße, angeblich der Lieblingskneipe Hitlers, wo es ein bisschen so aussieht, als sei seitdem noch nicht wieder renoviert worden. Wir sitzen natürlich nicht wegen Hitler hier, sondern weil das eine der wenigen Kneipen ist, wo man sitzenbleiben darf, auch wenn man sich bloß ein

Bier leisten kann. Wir hocken nebeneinander auf einer Wirtshausbank, hart und unbequem wie eine Kirchenbank, sicher aus demselben Holz geschnitzt. Um unser Bier zu verlängern, nippen wir bloß dann und wann, und, als wäre es unvermeidlich, landen wir früher oder später zielsicher bei dieser Frage. Warum.

100 Euro würde Martin darauf setzen, dass mein Problem eine Ursache hat, und die bräuchte ich bloß finden. Jedes anständige Problem, sagt Martin, hat eine Ursache! Hast du die einmal gefunden, dann kannst du gezielt an einer Lösung arbeiten, und zackbumm – Problem aus der Welt geschafft! Martin, das sollte man vielleicht dazu sagen, löst Probleme von Studiums wegen, ein künftig gutbezahlter Problemlöser, der an einen Zusammenhang von Ursache und Lösung glauben muss wie der katholische Pfarrer an die Jungfrauengeburt: Martin wird Ingenieur.

Wahrscheinlich habe ich mir über keine andere Frage so sehr meinen Kopf zerbrochen wie über diese: Warum? Verflixt noch mal, warum will das nicht klappen? An irgendwas muss es doch liegen! Wahrscheinlich hat Martin da schon recht.

Das ist wie bei einem, der zum Arzt geht: Routine-Untersuchung. Eigentlich fühlt er sich gesund, ein bisschen müde und schlapp vielleicht in letzter Zeit, aber krank doch nicht! Sicher, sollte mehr Sport treiben, mehr Salat und ein bisschen weniger Bier, aber wer sollte das nicht. Gottseidank immer noch gesund! Klopf-klopf auf Ausziehtisch STORNÄS mit massiver Kiefernholz-Tischplatte.

»Ihre Blutwerte«, eröffnet ihm der Arzt in der Sprechstunde, »die machen mir Sorgen. Das sollten wir abklären. Es könnte sich hier um eine Verknotung am linken hinteren Leberflügel handeln. Ist natürlich noch etwas zu früh für diese Diagnose, ich will Ihnen da auch keine Angst machen, aber das würde immerhin Ihre Müdigkeit erklären. Hier Ihre Überweisung zum Ultraschallröntgen. Mit den Ergebnissen kommen Sie nächste Woche wieder, und wir besprechen die Behandlung. Auf Medikamente werden Sie sich schon einstellen müssen, ohne zehn bis zwölf Pillen am Tag wird das kaum gehen.«

Als Gesunder gehst du zum Arzt, als Kranker kommst du wieder. Ängstlich horchst du nun in dich hinein. Jedes Zucken, jedes Ziehen, jedes Blubbern deines Körpers kommt dir ab sofort verdächtig vor. Du fühlst dich auch schon ganz krank.

Ich glaube, so ähnlich läuft das auch bei einem Love Alien. Das Bewusstsein macht das Problem. Wer anfängt, sich wie ein Love Alien zu fühlen, der wird eins. Wer glaubt, das Problem zu haben, der kriegt es. Da spielt die Vorgeschichte eigentlich kaum eine Rolle. Ich möchte sogar behaupten, es ist egal, ob einer technisch gesehen Jungfrau ist oder nicht. Da kann er keinmal Sex gehabt haben oder hundertmal: Wenn er irgendwann anfängt zu denken, er habe ein ernsthaftes Problem, einen Partner zu finden – dann ist das Problem nicht mehr weit. Es möchte herbeigerufen werden. Demnach mag es verschiedene Arten von Love Aliens geben: Jene, die wirklich noch nie irgendwas hatten, gar nichts, von Anfang an, die jungfräulichen und jungmännlichen Love Aliens. Die gibt es mit 20 Jahren und mit 60. Und sagt dem Zwanzigjährigen bloß nicht, er sei doch noch so jung! Dann aber gibt es auch die, bei denen das Problem erst viel später auftritt. Die können sogar Kinder und Familie haben. Aber wenn eine langjährige Beziehung in die Brüche geht, und man bleibt die nächsten zehn Jahre allein und kann keinen neuen Partner auftreiben, wie sehr man sich auch bemüht: Dann hat man gute Chancen, sich auch später noch zu einem ausgewachsenen Love Alien zu entwickeln.

Und weder der eine noch der andere ist schlimmer oder besser dran, wenn man mich fragt. Das ist für beide so ziemlich gleich beschissen.

Sogar das Gegenteil kommt vor, und das bestärkt mich noch in meiner Annahme, dass das Problem mit dem Bewusstsein kommt: Menschen, die eigentlich alle Voraussetzungen fürs Love Alien mitbringen. Allein, ohne Beziehungserfahrung, und weit und breit niemand und nichts in Aussicht. Und doch haben sie nicht das geringste Problem damit. Es stört sie nicht! Fast will mir das wie ein Skandal vorkommen: Es fehlt ihnen nichts. Eine sicherlich seltenere Spezies als die Love Aliens, und auf alle Fälle noch unsichtbarer, aber es gibt sie. Sie haben kein Problem.

Deshalb möchte ich dafür plädieren, dass nicht Fakten und Voraussetzungen, sondern eben das Bewusstsein ein Love Alien macht. Es erwacht mit der Selbstdiagnose, mit dem Verdacht, dass da was schieflaufen muss bei der Suche nach dem oder der Liebsten.

Warum. Gilt zwar im allgemeinen als Fragewort, ich halte es inzwischen aber eher für ein Folterinstrument. Nicht nur Mitmenschen quälen einen gern damit, es taugt auch wunderbar zur Selbstgeißelung. Schmerzhaft ist es so oder so, weil es Wunden aufreißt statt zu heilen. Warum stelle ich mir mit Holzgriff und sieben Lederstriemen vor, die siebenschwänzige Warumpeitsche. Schneidet man einen dieser Striemen ab, wachsen zwei neue nach. Oder war das was anderes? Jedenfalls hab ich mir mit Warum mein halbes Leben lang Nächte um die Ohren und die Seele wund geschlagen.

Auf der Suche nach Antworten habe ich natürlich auch das ganze Internet umgegraben. Wenn überhaupt, dann sollte ich doch hier irgendwo Rat und Ursache finden! Das Internet weiß alles. Es gibt nichts, das es nicht gibt, sagt die Binsenweisheit. Im Internet ist das umso wahrer, denn hier gibt es sogar noch weniger, das es nicht gibt. Vorsichtshalber ziehe ich mir bei meiner Suche einen anderen Deckmantel über, den grauen Deckmantel der Anonymität. Und dann mit Kopfsprung hinein in die Internetforen!

So ein Forum muss man sich wie einen Stammtisch vorstellen, nur ohne Tisch und Bier, dafür reserviert auf ein Thema. Mitreden darf jeder. Es soll um freien Austausch von Erfahrungen und Meinungen gehen, um gegenseitiges Helfen, aber oft geht es doch bloß wie in der richtigen Kneipe zu: Die Teilnehmer palavern und halten kilometerlange Monologe, sie plappern sich rein und reden zielsicher aneinander vorbei, sie hören sich nicht zu, verstehen sich falsch, fallen sich ins Wort, kriegen sich in die Haare und würden sich mit Bierdeckeln bewerfen, wenn sie könnten. Ersatzweise werfen sie mit bösen Wörtern, bis ein Forumsmoderator einschreiten und allen die Löffel langziehen muss.

»Absolute Beginners«: das Stichwort, unter dem ich in meiner Angelegenheit im Internet fündig werde. So nennen sich die Menschen mit meinen Sorgen, in Anlehnung an einen Song von David Bowie. Wenn ich dieses Wort benutze, was nicht oft vorkommt, dann lasse ich den Plural weg und spreche es deutsch aus. Ich weiß nicht warum, aber alles andere käme mir schwer über die Lippen und irgendwie albern vor.

Der absolute Beginner, abgekürzt AB, legt sich im Internetforum auf den Untersuchungstisch und unters Mikroskop und inspiziert sich selber von allen Seiten. Er schreibt unter Pseudonymen wie Versinglet, einsame-Tante, Abstellgleis, Robinson oder Frankenstein. Einige seiner Lieblingsthemen lauten: Sind männliche ABs zu nett, fehlt ihnen das Arschloch-Gen? Sind weibliche ABs zu anspruchsvoll? Können normale Mitmenschen einen AB erkennen? Wird der Grundstein zum AB-Dasein schon im Elternhaus in die Wiege gelegt? Können ABs nicht flirten, und warum? Sollten sie flirten lernen, und wie? Sind ABs hochsensibel? Haben sie im Leben was verpasst? Sind sie Nichttänzer, ewige Kumpel, Lebenskünstler? Haben sie noch Hoffnung oder ihr Lebensziel verfehlt? Ist es schwerer in der Stadt oder auf dem Land?

Ich lese Leidens- und Lebensgeschichten, in denen sich verdammt viel verdammt vertraut anhört. Ich stoße auf unendlich viele Fragen, Grübeleien, Klagen. Ich entdecke Theorien und Hypothesen, samt und sonders bedenkenswert und nicht selten plausibel. Und ich finde Antworten auf das Warum. Aber nicht eine, sondern hunderte. Viel zu viele.

Irgendwie macht mich das Lesen im Internet nicht schlauer.

Was man am Forum gut erkennen kann: Wie Fliegen ums Licht, so kreisen wir Betroffene um uns und unser Problem, können gar nicht damit aufhören. Wieder und wieder herum, noch eine Runde und noch eine und noch Tausende. Zeit zum Nachdenken haben wir an unseren einsamen Abenden schließlich mehr als genug. Unsere Gedanken drehen sich so lange im Kreis, bis ihnen ganz schwindelig wird, und dabei legen wir Tausende Gedankenkilometer zurück, kaum ein Gedanke bleibt ungedacht – und doch treten wir auf der Stelle.

Anfangs tut es schon gut, zu lesen und dabei zu erkennen: Anderen geht es ähnlich. Ich bin kein abnormaler Einzelfall, ich bin nicht allein mit diesen Sorgen.

Was mir aber gar nicht gefällt, das ist die verbreitete Neigung, sich bis zum Schopf ins Problem einzugraben, daraus sogar eine Identität zu konstruieren und sich gegen alle anderen abzugrenzen. Wir hier, die ABs, die absoluten Beginner. Dort die Normalen. Eine eigene Terminologie unterscheidet zwischen Anspruchs-AB, Psycho-AB und Gesichts-AB, stuft die ABs ein in Softcore-AB und Hardcore-AB und noch siebzehn andere Sorten. Da wird diskutiert, ob es nun Männer oder Frauen schwerer hätten. Ob Frauen nicht ohnehin alle Luxus-ABinen seien, die jederzeit Mann und Sex haben könnten – wenn sie nur wollten, wenn sie nur nicht so anspruchsvoll wären. Und so weiter und so fort, ad infinitum.

Das ist doch, als würde ich von einem Arzt gleich weiter zum nächsten rennen. Der stellt zwar dieselbe Diagnose, findet aber andere Ursachen und verschreibt andere Medizin. Die ich nicht schlucken will, deshalb geht es gleich weiter zum dritten, vierten, fünften Arzt. Irgendwann mache ich nichts anderes mehr, als Diagnosen und Behandlungsvorschläge einzuholen, mit der Folge, dass ich mich immer kränker fühle. Die Pillen werfe ich meistens weg. Das Kranksein wird zu meiner Hauptbeschäftigung. Nur: Gesund kann ich so nicht werden!

Diese Foren, das merke ich schnell, sind nicht mein Ding. Bloß fort mit allen Deckmänteln und raus aus dem Internet!

GUTER RATSCHLAG

NR. 14

Jelena: »Vielleicht bin ich jetzt ein bisschen zu direkt. Aber du könntest doch einfach mal zu einer gehen. Du weißt schon, zu einer Professionellen. Vielleicht verlierst du die Angst, wenn du mal erlebt hast, wie es ist.«

AMSTERDAM ODER DER MYTHOS VOM ERSTEN MAL

Von großen Busen fühle ich mich überfordert. Jedenfalls in meiner Vorstellung, in Wirklichkeit und aus der Nähe habe ich mich noch nie mit einem befasst. Meine Überforderung beruht allein auf Beobachtung aus sicherer Entfernung. Dennoch soll sie handfeste Folgen haben: Sie lässt mich in ein bestimmtes Schaufenster einsteigen, aus dem ich gut 15 Minuten später unverrichteter Dinge wieder aussteigen soll. In der Viertelstunde zwischen Ein- und Ausstieg habe ich zwar nicht meine Unschuld verloren, was eigentlich der Zweck gewesen wäre, wohl aber den Glauben ans erste Mal.

Die Großebusenüberforderung ist mein Mitbringsel von einer Reise nach Amsterdam, von wo schlaue Reisende sich als Souvenir besser ein Tütchen Gras mit nach Hause bringen sollten. Für zwei Nächte bin ich hierher gefahren, um ein Konzert der Dave Matthews Band zu besuchen und bei dieser Gelegenheit gleich ein wenig die Stadt anzusehen. Zum Schlafen habe ich eine Besenkammer mit Bett in der Nähe der Oper gemietet, zur Fortbewegung ein holländisches Fahrradungetüm, auf dem ich die Gässchen und Kanaluferchen entlangreite. (In Holland werden alle Dinge verniedlicht, egal ob groß oder klein.) Die ganze Stadt ist fahrradfahrflach, bloß die

Brückchen über die Kanälchen müssen sich zu Hügelchen aufspielen, bei deren Überquerung das Fahrradmonster und ich regelmäßig außer Atem kommen.

Ziel- und planlos, vor allem stadtplanlos, will ich mich durch Amsterdam treiben lassen, will hier etwas essen, dort etwas trinken und durch den einen oder anderen Laden stöbern, auf der Suche nach nichts. Museen und Sehenswürdigkeiten sind nicht meine Sache, schon gar nicht allein. Doch das Treibenlassen findet bereits am ersten Tag sein jähes Ende.

Ich habe das Rotlichtviertel entdeckt.

Sofort lege ich das Fahrradmonstrum an die Kette und gehe zu Fuß weiter, das muss ich mir aus der Nähe ansehen! Natürlich ist mir dieser Anblick nicht neu, ich habe Damen dieses Gewerbes längst an anderen Orten gesehen, an Berliner und Kasseler Straßenrändern oder hinter der Stadtmauer von Nürnberg. Zu übersehen sind sie ja kaum, man erkennt sie zum Beispiel an branchentypischer Berufskleidung wie schulterhohen schwarzen oder weißen Lackstiefeln. Rotlicht gilt normalerweise als anrüchig, es ist nicht zum Verweilen und Betrachten gedacht und schon gar keine Sehenswürdigkeit, zügig geht jeder sittsame Fußgänger daran vorbei und hält die Augen dabei niedergeschlagen. Ganz anders in Amsterdam. Das Rotlichtviertel – eine Hauptattraktion, auf Stadtplänen eingezeichnet. Touristengruppen mit Kindern und Hunden werden hindurchgeführt. Flanieren und Anschauen erlaubt, erwünscht sogar! (Nur Fotografieren nicht, worauf breitschultrige Typen aufpassen, die betont unauffällig an Hauswänden lehnen.)

Schaufenster reiht sich an Schaufenster, worin die Damen sich selbst ausstellen, die dabei Verkäuferin und

Ware zugleich sind und ihre jeweiligen Vorzüge und Verkaufsargumente ins rechte Licht roter Leuchtstoffröhren rücken. (Wer, zum Teufel, hat sich eigentlich ausgedacht, dass die Beleuchtung im Rotlichtviertel ausgerechnet rot sein muss?) Betont beiläufig wie irgendein zufälliger Spaziergänger flaniere ich an den Schaufenstern vorüber, versuche dabei, nicht allzu sehr wie ein Voyeur auszusehen, sondern mehr, als müsse ich hier lang, als streife mein Blick die nackten Tatsachen bloß im Vorbeigehen. Stehenbleiben traue ich mich nicht, schaue auch nie zu lange hin. So eine Dame kann ihr Schaufenster nämlich verlassen: Wittert sie Interesse, so geht sie zur aktiven Kundenakquise über, wandelt sich vom Anschauungsobjekt zur Beraterin, indem sie ihr Schaufenster von innen öffnet, sich an allzu neugierige Männer heranpirscht, mit lockeren Sprüchen lockt und bei Erfolg den Kunden gleich im Schlepptau mit zurück in ihr Schaufenster nimmt. Hinter jedem Fenster liegt ein Kämmerchen mit Bett in Plüschdeko. Dann werden Vorhänge zugezogen, und was sich in den folgenden Minuten dahinter abspielt, das wissen nur Schaufensterdame und Kunde allein.

Von meinem Freund Peter habe ich die Theorie gehört, Männer ließen sich im Wesentlichen in zwei Kategorien einteilen: den Busentyp und den Hinterntyp. Eine, zugegeben, simple Theorie, deren Inhalt wahrscheinlich keiner weiteren Erläuterung bedarf. Gut möglich, dass sie auch mehr über das Denken und den geistigen Horizont desjenigen verrät, der sie für bedenkenswert hält. Beim Bier an Peters Küchentisch jedenfalls, also bei einer unserer küchenpsychologischen Sitzungen, ordne ich mich spontan dem Hinterntyp zu. Wenn an dieser Theorie was dran sein sollte, dann wird die Kundschaft im Rotlichtviertel von Amsterdam allerdings eindeutig vom Busentyp dominiert. Auch auf dem Markt der Liebesdienste herrscht das Prinzip von Angebot und Nachfrage. Und diese Angebote sind nicht zu übersehen. Für einen des Busens Unbedarften wie mich regelrecht beeindruckend: Hier bekommt man Formen und Größen zu sehen, die ich der menschlichen Anatomie nie zugetraut hätte. Auf mich wirkt das furchteinflößend. Was macht man damit? In so ein Schaufenster würde ich mich jedenfalls nie trauen.

Aber ich hatte ohnehin nicht vor, wirklich zu einer der Damen ins Schaufenster zu steigen.

Zugegeben, der Gedanke ist verlockend. Wann hat man schon mal die Gelegenheit so greifbar vor der Nase, seine Jungfräulichkeit zu beenden, und zwar hier und jetzt statt irgendwann und irgendwo (oder nie). Ein kleiner Schritt für den Mann, ein Riesensprung für ein Love Alien. Dass es dann aber tatsächlich passiert, würde man vor Gericht wohl eine Handlung im Affekt nennen.

Ich biege in ein Gässchen ein, das wie ein Schlauch zwischen zwei Häusern hindurchführt, es ist so schmal hier, dass kaum zwei Menschen nebeneinander gehen können. Rechter Hand liegen vielleicht drei oder vier Schaufenster hintereinander, links steht eine Mauer. Außer mir sind hier noch zwei andere Fensterflaneure unterwegs. Alle Schaufenster sind halb geöffnet, die Damen stehen mit je einem Fuß auf der Gasse. Gleich an der zweiten bleibt mein Blick hängen, wahrscheinlich einen Augenblick zu lang – schon steht sie neben mir. Sie ist mit einem Geflecht aus Schnüren bekleidet, kaum Kleidung zu nennen und halb nur das Nötigste bedeckend. Sie ist jugendlich schön, einen guten Kopf kleiner als ich, hat einen makellosen Körper und ist sehr schlank. Ihr glattes braunes Haar hängt wie ein Samtvorhang den Rücken hinab bis zur Hüfte. Sie lächelt.

Im Nachhinein mag man das albern finden, aber ich wäre mir grob und sogar unhöflich vorgekommen, hätte ich ihr Lächeln ignoriert und wäre einfach an ihr vorübergegangen. Mehr aus Verlegenheit frage ich sie nach dem Preis. Das interessiert mich insgeheim schon die ganze Zeit: Was das wohl kostet? Fünfzehn Minuten und eine Position, 50 Euro, sagt sie und lächelt wieder. Ob ich vielleicht wolle?

So eine einfache Frage für eine so folgenreiche Entscheidung! Selbstverständlich will ich. Und will zugleich auch nicht. Seit einer halben Stunde muss ich dringend aufs Klo. Ich wäre mir nicht mal sicher, ob ich noch 50 Euro dabeihabe. Außerdem hätte ich Angst, mich hinterm Vorhang dumm anzustellen, sobald ich allein mit ihr bin. Und die Moral erst! Wenn wir unter Freunden auf Prostitution zu sprechen kommen, dann bin ich immer der Moralapostel, ich halte Prostitution nämlich für fragwürdig, sogar für bedenklich, und kann viele Argumente gegen sie vorbringen. Aber hier fragt keiner nach meiner Meinung, hier geht es um eine simple, praktische Entscheidung. Ja oder nein. Niemand würde je davon erfahren.

Sie zieht die Vorhänge hinter uns zu, natürlich sind sie rot. Als Erstes soll ich ihr das Geld geben. Sie faltet den Geldschein zusammen, steckt ihn in eine Geldbörse, die sie in ein Handtäschchen steckt, das an einem Haken hängt. Dann weist sie mir den Weg zum Klo. Als ich wiederkomme, liegt sie schon auf dem Bett, hat selbst die Schnüre noch ausgezogen und ist nun also offiziell nackt. Ich stehe unschlüssig herum, was ist zu tun? Sie hilft mir auf die Sprünge: Ausziehen wäre doch eine gute Idee. Also lasse ich meine Hüllen fallen, gleich da, wo ich stehe. Ich fühle mich befangen, ein bisschen wie bei einer Untersuchung, wenn der Arzt sagt: Machen Sie sich mal bitte ganz frei! Ja, auch die Unterhose! Umständlich krabble ich zu ihr aufs Bett und versuche, mit meiner Figur eine halbwegs gute Figur zu machen, was komplett misslingt. Das Bett quietscht schon beim Draufsteigen, als würde eine Ferkelfamilie darunter wohnen, und so ähnlich riecht es auch, nach Moder, fremden Körperdüften und viel Deodorant. Sie duftet nach Seife und Honig. Wie oft sie wohl heute schon hat?

Bevor es losgeht, tauschen wir noch Basisdaten aus. Seien es auch nur 15 Minuten Intimität, man möchte doch wissen, mit wem man in einem Bett gelandet ist. So viel Zeit muss sein. Sie stellt sich als Dana vor, sie stamme aus Rumänien und sei 21 Jahre alt. Mehr als meinen Namen brauche ich ihr nicht verraten, treffsicher ergänzt sie Alter und Herkunft.

Dann langt Dana nach einem Kondom und macht sich zielstrebig an meiner Körpermitte zu schaffen, nestelt dort herum und versucht wohl, das Kondom zu installieren. Ich sehe nicht hin, auch sie sehe ich nicht an, mein Blick geht zur Decke. Regen will sich in der Körpermitte nichts. Stattdessen fängt mein Hirn an zu arbeiten. 21 Jahre? Volljährig wäre sie immerhin. Aber stimmt das auch? Irgendwas in mir zweifelt daran, es klingt zu glatt, zu demonstrativ volljährig. Was, wenn sie doch jünger ist? Wenn sie zwar zauberhaft lächelt, aber all das hier überhaupt nicht aus freien Stücken macht? Und was habe ich hier eigentlich zu suchen?

Dana gibt das Nesteln auf, startbereit ist da immer noch nichts. Dennoch setzt sie sich nun unbeirrt rittlings auf mich und wiegt ihr Becken vor und zurück. Sie macht das so bestimmt und selbstverständlich, dass ich es mit mir geschehen lasse. Nur mich darauf einlassen oder gar mitmachen, das kann ich nicht. Es geht nicht. Nichts zu machen.

Wer sich einmal schäbig und schmutzig vorkommt, den lässt die Erotik sitzen. In mir ist ein anderes Rotlicht angegangen, nicht jenes wonneverheißende aus dem Schaufenster, sondern eine Warnleuchte. Ich bitte sie aufzuhören und entschuldige mich bei ihr, aber es würde nicht gehen. Dana hält inne, sieht mich ruhig und ernst an und sagt, ich hätte ein schönes Lächeln. Noch einmal entschuldige ich mich bei ihr, krabbele ungelenk unter ihr hervor und rette mich vom Bett. Während ich mich anziehe, kehre ich ihr verschämt den Rücken zu, als hätte sie nicht längst alles gesehen. Es liege keinesfalls an ihr, beteuere ich, als glaube ich wirklich, dieser Gedanke könne sie bedrücken. Vorsorglich weist sie mich darauf hin, dass die 15 Minuten gleich um seien, natürlich könnte ich länger bleiben, müsste dann aber auch wieder bezahlen. Ich danke ihr, setze meine Sonnenbrille auf, Dana zieht die Vorhänge zurück, und ich trete wieder auf die Gasse.

Von rechts trabt eine Horde Pubertierender heran, vielleicht eine Schulklasse. Als sie mich aus dem Schaufenster steigen sehen, johlen sie auf. Verschreckt biege ich nach links ab und verschwinde, so schnell ich kann, um die Ecke und in der Menschenmenge.

Vom Konzert am Abend kriege ich nicht viel mit.

Ich habe fabelhafte Freunde, sie sind alle sehr klug und vertreten moderne Ansichten, viele von ihnen haben studiert, manche sind sogar emanzipiert. Alle haben ihre Erfahrungen mit Beziehungen gemacht, einige sind längst verheiratet und haben Kinder. Sie sollten also Bescheid wissen. Dennoch, würde ich unter ihnen eine Umfrage starten, ich bin mir fast sicher, dass dabei Erstaunliches zutage käme: So ziemlich alle von ihnen glauben noch ans erste Mal.

Bring es hinter dich! Wie oft kriege ich diesen Rat zu hören, übrigens nicht nur von Männern, von Frauen ebenso. Mein Kumpel Sebastian legt mir mehr als einmal nachdrücklich ans Herz, das erste Mal so bald wie möglich mit professioneller Hilfe zu absolvieren. Dr. Ruth, eine amerikanische Sex-Expertin, der ich mal hinter der Bühne einer Talkshow begegne, kann mein Problem gar nicht begreifen. Worauf ich überhaupt warte? Immerhin sei Prostitution in Deutschland legal, besser könne ich es gar nicht haben!

Ist das erste Mal also bloß eine Pflichtveranstaltung, die man am besten so schnell wie möglich hinter sich bringt?

Hinter all diesen Ermutigungen scheint ein unerschütterlicher Glaube an die heilende und erlösende Kraft des ersten Mals zu stecken. Der Junge gehört nur mal ordentlich durchgepudert, dann wird es schon mit ihm werden! Und was kann schlimm daran sein, wenn das eine Berufs-Durchpuderin übernimmt, die ihr Handwerk versteht, die er nicht erst rumkriegen muss, sondern einfach nur zu bezahlen braucht?

Trotzdem, mir kommt dieser Glaube ans erste Mal mehr als fragwürdig vor. Sollten es meine Freunde nicht besser wissen? Sie haben es ja lange hinter sich. Die meisten Menschen machen doch nicht wegen, sondern trotz des ersten Mals weiter mit einem zweiten, dritten, vierten Mal. Das lernt man doch schon als Teenager in der Bravo, dass das erste Mal alles andere als die verheißene Offenbarung darstellt, dass es meistens einfach nur eine mittelgroße Enttäuschung ist. Sogar für Jungs. Und dennoch hält sich der Mythos daran hartnäckig. Wo kommt der her?

Wer weiß. Vielleicht glauben meine Freunde auch, so eine Lehrstunde der Enttäuschung täte mir ganz gut: damit mein viel zu idealistisches Bild von der Liebe endlich aus dem Himmel runter auf den harten Boden der Tatsachen geholt wird.

Aber ich vermute eher, der Glaube ans erste Mal hat was mit Vergleichbarkeit zu tun. Wir vergleichen uns zu gern. Nun lässt sich Liebe schlecht messen und abzählen, daher auch schlecht vergleichen – es sei denn in Penislänge oder Zahl der Kopulationspartner, wenn man Liebe mal rein aufs Körperliche reduziert. Der am ehesten messbare Unterschied steckt eben im Anfang: 0 – da hat jemand noch nicht. 1 – der hat schon, der gehört dazu. 0 und 1, an und aus, Jungfrau und Entjungferter. Die Digitalität der Liebe. 0 – der steht noch vor der Tür, 1 – der hat die Schwelle schon überschritten. Der erste Schritt ist nach dieser Ansicht der entscheidende.

Vielleicht ist das erste Mal aber auch bloß der letzte Initiationsritus in einer Welt, die kaum etwas so sehr anbetet wie die Körperlichkeit (neben dem Geld natürlich) und in der andere Riten nur noch wenig gelten. Taufe? Machen höchstens noch ein paar Hinterwäldler in der Provinz. Wer heute zum Kult des Körperlichen und der Jugend dazugehören will, wer selbstbestimmten und vom Zweck der Fortpflanzung befreiten Sex haben will, der muss als Erstes auf dem Bettaltar seine Jungfräulichkeit opfern. Solange er dieses erste Mal nicht zustande kriegt, gehört er nicht dazu.

Dann gnade ihm der Sexgott.

GUTER RATSCHLAG

NR. 15

Therapeut: »Bauen Sie auf Ihre Persönlichkeit und auf Ihre Stärken. Seien Sie ganz bei sich, bleiben Sie in Ihrer Mitte, dann wird es auch mit einer Frau klappen.«

BÜCHERSOFA UND THERAPIECOUCH

Hätte ich einen Tipp abzugeben, wo man meiner Meinung nach die hübschesten Frauen beobachten kann, ich brauchte nicht lange nachzudenken: in der Bibliothek und im Buchladen natürlich!

Hoffentlich komme ich jetzt nicht als Spanner rüber. Aber manchmal gehe ich zu Hugendubel und setze mich für ein Stündchen auf eines der roten Kunstledersofas – einfach zum Frauenschauen. Dafür schnappe ich mir vom Wühltisch ein Alibibuch und blättere darin herum, ohne zu lesen. In München ging das am besten am Marienplatz, in diesem Hugendubel gab es immer viel zu sehen, jedenfalls bis die Filiale geschlossen wurde, was ich sehr bedaure. Um die Esoterik und die Bastelbücher und die Gedichte und die Kalender mache ich einen großen Bogen. Die Frauen, die mir gefallen, finde ich vor allem in der Belletristik, bei den Romanen. Englischsprachige Literatur – auch nicht schlecht. Zur Kontaktaufnahme und zum Anbandeln wiederum wäre dieser Ort denkbar ungeeignet, hier haben Frauen ausschließlich Augen für Buchrücken.

Wollte man in einem Buchladen herausfinden, wie es um uns als Gesellschaft steht, brauchte man bloß in die Ratgeberecke gehen. Wobei Ecke weit untertrieben ist, Ratgeber-Allee trifft es schon eher. Hier schlägt sich nieder, worüber wir uns am meisten sorgen, was uns umtreibt, was wir bewältigen wollen, wo wir Hilfe suchen. An der bloßen Zahl der Bücher gemessen, scheinen uns zwei Themen mit Abstand am meisten zu beschäftigen, offenbar gibt es hier keinerlei Fortschritt und Wissensvermehrung. Wir sind inzwischen auf dem Mond gelandet und fabrizieren unter der Erde von Genf kleine schwarze Löcher, aber bei diesen Sachen stellen wir uns immer noch an wie die ersten Menschen: beim Abnehmen und in der Liebe.

Das mit dem Abnehmen leuchtet mir noch am ehesten ein. Nahrungsüberschuss ist relativ neu, wir haben noch nicht gelernt, richtig zu essen – jetzt, da wir seit ein paar Jahrzehnten die ganze Auswahl und Aldi haben. Aber das mit der Liebe? Das machen wir doch so lange schon! Hat es nicht die längste Zeit auch ohne Ratgeberbücher geklappt? Jeder von uns ist lebender Beweis dafür, dass ausnahmslos jeder einzelne seiner Vorfahren es mindestens einmal geschafft hat, sich fortzupflanzen, bis ganz zurück an den Anfang! Und das ist, auf die Jahrtausende gesehen, keine Kleinigkeit, wenn man all die Widrigkeiten bedenkt, die Kriege und Krankheiten und sonstigen lebensbedrohlichen Probleme, von denen es früher durchaus noch ein paar mehr gegeben haben soll als heute. Trotzdem, keiner von uns ist ungeboren geblieben.

Ausgerechnet bei uns soll es nicht mehr funktionieren? Wir müssen uns von Büchern sagen lassen, dass der perfekte Partner gar nicht perfekt sein muss, wie wir spielerisch erobern und verführen, inklusive DVD-Training, wie wir die Langeweile aus dem Bett verscheuchen, wie die weibliche Lust im alten China funktionierte, warum sogar die besten Männer in der Kumpelfalle landen, was uns der Satz des Pythagoras über die Liebe lehrt und wie wir herausfinden, was wir eigentlich wollen. Immerwährendes Blätterrauschen im Bücherwald. Und wenn sich sonst nichts mehr verkauft, Ratgeber zur Liebe gehen immer. Irgendwo hier wird mein Buch auch landen. Wenn ich Glück habe.

Apropos Ratgeber, von da ist es nicht mehr weit bis auf die Couch beim Therapeuten. Auch ich bin irgendwann dort gelandet. Wie sagen meine Freunde immer? Kann ja nicht schaden! Zuerst aber habe ich mal einen passenden Therapeuten finden müssen, was für sich genommen schon so schwer ist, dass es mich wundert, dass es noch keinen Therapeutenfindungs-Coach gibt.

Der erste, den ich ausprobiere, nennt sich auf seiner Homepage Lebens-, Liebes- und Energieberater, nicht etwa Therapeut, das klingt ihm zu medizinisch. An der Tür seiner Hinterhofpraxis empfängt er mich barfuß und mit weißem Seidenschal. Ich sollte froh sein, dass er nicht noch nackt ist, denn Tantra lehrt er laut Internet auch. Feierlich wie ein Priester zündet er zwischen uns eine Feng-Shui-Kerze an und lässt sich im Lotussitz auf dem Teppich nieder. Ich darf auf dem Stuhl sitzen. Dann soll ich einfach mal erzählen. Zu allem, was ich sage, wiegt er sanft sein Haupt und brummt »hmm« oder »interessant«. Eine knappe Stunde ertrage ich diese schweigsame Sanftmut, bis ich wieder gehen darf. Ich werde auf keinen Fall wiederkommen. So viel Sanftmut macht mich nervös.

Es gibt gut und gern 300 verschiedene Ansätze für Therapie und Coaching in Liebessachen, sie hören auf wohlklingende Adjektive wie systemisch oder imaginativ oder integrativ, der zu Therapierende muss Bilder malen, sich hypnotisieren lassen, in Kontakt mit den Urahnen treten oder einbeinig um einen Bergkristall hüpfen. Mir ist das alles suspekt, deswegen suche ich einfach jemanden für das gute alte Gespräch. So lande ich schließlich bei meiner Therapeutin. Seidenschal, Samthandschuhe und allzu viel Verständnis brauche ich von ihr nicht erwarten, das merke ich gleich. Fordernd sitzt sie mir gegenüber, die Haare hart nach hinten gebunden, die bestiefelten Beine übereinander geschlagen. Die Strenge in Person. Verstohlen schaue ich mich in ihrem Zimmer um, kann zum Glück aber nirgends eine Peitsche entdecken.

Wenn ich keine Freundin finde, eröffnet sie mir schon in unserer ersten Sitzung, dann ist das weder Schicksal noch Pech, daran sind auch nicht etwa die blöden Frauen schuld. So etwas stößt mir nicht einfach zu wie ein Unfall oder Unglück, dafür muss ich schon selber etwas tun! Ich bin es, sagt sie, der den Frauen aus dem Weg geht, der eine Beziehung vermeidet, der eine Annäherung verhindert. Ich, sonst niemand. Denn ansonsten hätte ich längst eine Beziehung, sagt sie. Es ginge ja gar nicht anders.

Und ich hatte immer gedacht, wenn es an mir liegt, dann doch daran, dass ich nicht gut genug bin. So hab ich das tatsächlich noch nie gesehen. Ich soll aktiv eine Beziehung verhindern und Frauen von mir fernhalten, sei es auch unbewusst? Kann da was dran sein?

Da wälze ich jugendjahrelang meine Sorgen von vorn und von hinten und halte es irgendwann für ausgeschlossen, dass mir irgendjemand noch was Neues erzählt: ganz alter Hut, bin ich doch längst von selber drauf gekommen, hab ich doch alles schon bedacht! Dann aber stehe ich nach den ersten Sitzungen mit der Therapeutin minutenlang wie benommen am Isartor herum, meine Birne dröhnt auf den Schultern wie eine Kirchenglocke nach dem Mittagsläuten. Ein Glück nur, dass ich nicht überfahren werde. Man sollte ein Schild umgehängt bekommen: Vorsicht, frisch therapiert!

Sie schafft es wirklich, mich aus der Fassung zu bringen, im positiven Sinn.

Wenn ich sie richtig verstehe, dann geht ihr Ansatz so: Irgendwann hat die Seele des kleinen Wolframs mal eine Schramme abbekommen, als sie noch ganz frisch und makellos war. Das kann überall passiert sein, in der Familie, im Kindergarten, in der Grundschule. Kinderseelen sind empfindlich. Weil das dem kleinen Wolfram wehgetan hat, und um neue Verletzungen zu vermeiden, hat er sich einen Schutzpanzer umgelegt, eine Strategie, solchen Schmerzen künftig aus dem Weg zu gehen. Und dieser Schutzpanzer, diese Vermeidung von Verletzungen, trage ich unbewusst bis heute, sie ist es, die mich daran hindert, eine Freundin zu finden.

Ein paar Therapiesitzungen lang machen wir uns auf die Suche nach dieser Seelenschramme, kramen und rumpeln wenig zimperlich in meiner Kindheit herum, pusten Staub auf und streuen Salz, um herauszufinden, wo die Wunde liegen könnte. Die Therapeutin will das Trübe, den Bodensatz der Seele aufwirbeln und in mir was in Bewegung bringen.

Nur bewegt sich für ihren Geschmack da zu wenig. Ich bewege mich zu wenig. Irgendwann, vielleicht in der sechsten oder siebten Sitzung, fordert sie mich auf, endlich mal loszulegen. Worauf ich denn warte? Wann würde ich anfangen mit abnehmen und Frauen kennenlernen, meinen Kummerthemen? Sie wird ungeduldig und fordert Taten und Ergebnisse.

Bald gehe ich nicht mehr hin. Vielleicht, weil ich das Gefühl habe, dass wir an dieser Stelle hängenbleiben, weil wir die Seelenschramme irgendwie nicht finden können, weil mir diese ständigen Aufforderungen zum Aktionismus oberflächlich vorkommen. Kann aber ebenso gut sein, dass ich einfach zu bequem bin, mich zu verändern.

Muss denn jeder ein perfekter Verführer und Liebhaber sein? Oder, falls er es noch nicht ist, einer werden? Fit sein für den Partnermarkt? Was gilt überhaupt als Maßstab dafür, wer darf festlegen, was ein guter Liebhaber ist? Ein Flirter vor dem Herrn, natürlich stilecht gekleidet, der mit beiden Beinen im Leben steht, gut verdient und gut riecht? Der Sport treibt, immer ganz bei sich und authentisch ist, der sein Gegenüber ausreden lässt, die Tür im richtigen Moment aufhält, ohne zu bevormunden? Der sein inneres Kind und seinen Schweinehund regelmäßig spazieren führt?

Alles in mir sträubt sich gegen derartige Selbstoptimierung, das riecht zu sehr nach Schema F, das erinnert mich sofort an Lebensrezepte in sieben einfachen Schritten zum Ausschneiden aus der Brigitte oder Men's Health. Es hat wohl an meinem Unwillen gelegen, dass mir die Therapeutin nicht helfen konnte.

Ständig und von überallher kriegen wir eingeflüstert: Du musst dich ändern, du musst dich ändern … dies lernen und das machen und jenes verbessern. Dabei gibt es Sachen auf dem Optimierungsmarkt, die würde ich nicht mal aus Spaß oder Neugier ausprobieren, nicht einmal gegen Geld, so sehr sträuben sich mir da die seelischen Nackenhaare. Weder will ich Pick-up lernen, die Kunst, jede beliebige Frau flachzulegen, noch will ich im Kreis mit anderen Junggesellen meine Männlichkeit herbeitrommeln oder fremde Menschen im Kuschelkurs mit Jojoba-Öl einreiben.

Heißt das aber dann, ich könne oder wolle gar nichts tun? Ich würde mich bloß meinem Schicksal überlassen und aus eigenem Antrieb kein Schrittchen auf die Liebe zugehen?

Keineswegs. Ich will was machen! Es muss aber auch bessere Wege geben, solche, für die ich nicht erst noch ein anderer Mensch werden muss.

GUTER RATSCHLAG

NR. 16

Tante Gertrude: »Es will mir wirklich nicht in den Kopf. Wieso hast du kein Mädchen? Du bist doch so ein gutaussehender Kerl!«

EIN JAHR AUF DER LEINWAND

Mutti liest.

Mama habe ich nie zu ihr sagen wollen, nicht einmal, als ich klein war. Ebenso wenig nenne ich sie Ingeburg oder Inge, wie Papa das macht. Bei mir heißt meine Mutter Mutti, bis heute. Gerade sitzt sie vor mir auf meinem Sofa unterm Hochbett. Dort befindet sich auch ihr Schlafplatz, immer wenn sie und mein Vater mich in München besuchen, in meiner Einzimmerbude mit Blick auf das Familienministerium, was zwei-, dreimal im Jahr vorkommt. Papa schläft dann auf zwei Klappmatratzen, auf dem Boden vorm Schreibtisch übereinandergelegt und mit Spannbettlaken zum Schaumstoffsandwichbett fixiert, wegen bequem. Hilft nur wenig. Bis zum Morgen hat das Bett sich aufgelöst, und alle vier Bettbestandteile liegen über den Boden verstreut, Matratze eins, Matratze zwei, Spannbettlaken und Papa. Wahrscheinlich will er deshalb nie länger bleiben als zwei Nächte, höchstens drei. Aber diesmal ist es anders. Papa ist nämlich gar nicht erst mitgekommen, Mutti ist allein und mit dem Zug aus Mühlhausen auf Sohnbesuch gefahren, das erste und einzige Mal. Ich schlafe natürlich, wie immer, auf dem Hochbett.

Den ganzen Tag über haben wir Großwäsche und Großreine gemacht, Fenster gewienert und noch die letzten

Wollmäuse im hinterletzten Zimmerwinkel erjagt. Nicht dass ich nicht auch selber putze, aber von mütterlichen Reinlichkeitsstandards bin ich wohl so weit weg, dass die kleine Wohnung doch hin und wieder noch die geballte Sorgfalt meiner Mutter abbekommt.

Wenn alles getan ist, fängt Mutti traditionell an, Socken zu sortieren. Ich finde das überflüssig, mir macht es nichts, Socken an den Füßen zu mischen. Grau geht in meinen Augen problemlos mit Schwarz oder Dunkelblau zusammen. Meine Mutter sieht das anders. Also sortiert sie. Vor Jahren hat sie eine Sammlung Sockensingles in einem Aldibeutel angelegt, und sollte es ihr gelingen, zwei der Sockendauersingles, einen aus dem Beutel und einen aus der Wäsche, wiederzuvereinen, dann ist sie für den Rest des Abends äußerst guter Laune. Die wiedervereinten Socken sicher auch.

»Willst du mal was lesen?«, frage ich sie, als sie mit den Socken durch ist, und reiche ihr ein paar bedruckte A4-Seiten. Auf der ersten davon steht fett und wichtigtuerisch in Großbuchstaben »LOVE ALIEN: EIN DOKUMENTARFILM.« Im selben Moment jagt mein Puls los, als habe er heute Abend noch einen Hundertmetersprint zu gewinnen, ich kann froh sein, jetzt keins dieser 24-Stunden-Blutdruckmessgeräte zu tragen, mit denen mein Hausarzt mich gelegentlich vermisst, auf der Suche nach Hoch- und Niedrigdruck; heute liefe ich glatt Gefahr, eingewiesen zu werden. Dass es mich doch so aufregt – dabei hatte ich es von langer Hand geplant. Den ganzen Tag über habe ich nur auf eine passende Gelegenheit gelauert. Als der Sockensinglebeutel endlich beiseite gelegt wird, es ist übrigens ein aus Sockensicht erfolgreicher Abend, beschließe ich: jetzt oder nie!

Während Mutti zu lesen anfängt, fange ich an, sie dabei zu filmen. Unauffällig habe ich eine kleine Videokamera zur Hand genommen und schieße damit aus der Hüfte. Wenn alles so läuft, wie ich mir das erhoffe, dann beginnt in ein paar Minuten, wenn Mutti mit Lesen durch ist, eine Szene für jenen Film, dessen Konzept sie in der Hand hält. Die will ich einfangen.

»Ein junger Mann, ein Jahr vor seinem dreißigsten Geburtstag«, liest sie laut den ersten Satz vor und schaut zu mir auf. »Passend zu Wolfram!«

»Ist ja auch über mich«, brummele ich verdruckst. Da erst bemerkt sie die Kamera.

»Aha?« Ihr Gesichtsausdruck formt sich zum Fragezeichen. Weiter sagt sie aber vorerst nichts, sondern fährt zu lesen fort. Trotz Kamera.

Eigentlich reden wir nicht darüber, meine Eltern und ich. Was, so formuliert, eine glatte Untertreibung ist. Daher erklären sich sicher auch Puls und Aufregung. Noch nie, nicht ein einziges Mal haben wir es auch nur angetippt. Was? Alles! Nicht etwa nur mein Nichtfindenkönnen, das meinen Eltern als guten Eltern schließlich nicht entgangen sein kann, sondern den gesamten Themenkomplex Liebe und Beziehung, von A wie »Augenaufschlag« bis Z wie »zerbrochenes Herz«. Wir reden nicht über so was, ich über mich so wenig wie meine Eltern über sich, vor mir jedenfalls. Sie fragen nicht, haben sie noch nie. Auch ich frage nicht. So war das eigentlich schon immer.

Für die unangenehmsten Momente im elterlichen Wohnzimmer sorgte immer der Fernseher. Wenn wir einen Film anschauten, und plötzlich kam es zu einer Knutsch- oder Bettszene in Großaufnahme mit Zeitlupe, und dann eine noch größere Aufnahme der Kusslippen, und dann ab ins Bett ... dann wusste ich nie, wohin mit dem Blick. Dann konnten sich zehn Sekunden locker wie zehn Minuten anfühlen, während die Blumen neben dem Fernseher oder die Gardinen oder der Teppich plötzlich furchtbar interessant aussahen.

Was ich meiner Mutter zum Lesen gegeben habe, ist die Idee zu einem Film, die sich über ein paar Seiten hauptsächlich in Konjunktiven ausbreitet. Ich möchte, ich würde, ich könnte, und so stelle ich mir das vor. Diese sogenannte Ideenskizze habe ich für mein Studium als Hausaufgabe tippen müssen, aus dem Philosophiestudenten ist inzwischen nämlich ein Filmstudent geworden. Kurz vor Abschluss der Philosophie, also gerade noch rechtzeitig vor der Taxilizenz, habe ich auf die Filmhochschule umgesattelt. Vom Denker zum Künstler, meine Eltern haben nicht gerade Hurra geschrien, aber sie haben mich gelassen. Mein erster Übungsfilm, zwölf Minuten in Schwarz-Weiß, handelt vom einsamen Sterben. Mein zweiter dokumentiert den Frohsinn der Kirmes in Mühlhausen.

Und nun soll ich also den dritten machen. Jeder anständige Regisseur versteckt in der Sockenschublade seine Liste mit Ideen. Auf meiner steht dieses eine Thema inzwischen ganz oben, auf Platz Eins: das Nichtfindenkönnen und die Sorge ums Alleinbleiben. Nichts liegt mir mehr am Herzen, nichts brennt mir doller unter den Nägeln, es ist ja mein Thema. Ich weiß genau, was ich dazu zu sagen hätte. In meinem Film Nummer drei, dem großen Übungsfilm, sehe ich die passende Gelegenheit dafür.

Nur dass der dann ausgerechnet von mir selber handeln soll, das war so nicht von Anfang an geplant.

Darauf hat David mich gebracht, mein Dozent. Ein Zweimeterzehnmann, bei dem ich unwillkürlich an eine Giraffe denken muss, ich kann mir da nicht helfen, zu dem ich aber nicht nur wegen seiner Körpergröße aufschaue. Ich sitze vor ihm in seinem Büro auf hartem Bittstellerstuhl, er thront hinterm Schreibtisch auf gefedertem Ergonomiesessel. Zwischen uns, auf dem Tisch, Berge und Stapel von Konzepten und Ideen: Filmemachen, das lernt man an einer Filmhochschule als erstes, bedeutet vor allem, jede Menge Papier auszudrucken.

»Tolles Thema«, findet David gleich, als ich ihm davon erzähle. Auch meine Motivation, dass es mir nämlich selber so geht, leuchtet ihm ein. Das zu verraten ist mir nicht gerade leicht gefallen.

»Warum machst du das nicht über dich? Film dich doch selber. Überleg mal: Näher kannst du ans Thema gar nicht herankommen!«

Warum nicht? Gute Frage. Eigentlich hatte ich ja vor, andere Betroffene als Protagonisten zu finden. So nennt der Dokumentarfilmer die Leute vor seiner Kamera, Schauspieler sind es ja keine. Die anderen vor und ich hinter der Kamera, ganz gewöhnlich: Das war mein Plan. Meine Freundin Esther hatte schon zugesagt, dass sie mitmachen würde.

Ernsthaft, über mich?

Um herauszufinden, ob das wirklich eine gute Idee ist, stelle ich mich ein paar Wochen später in Potsdam an ein Rednerpult vor der Leinwand in einem Kino. Mein erstes öffentliches Outing steht mir bevor. Ich schwitze. Auch wegen der gefühlt zehntausend Watt Rampenlicht, die sich auf mich richten, aber mehr noch vor Aufregung. Die Sitzreihen steigen vor mir auf wie ein dunkler Wald, vor lauter Licht ist mir schwarz vor Augen, ich kann nichts sehen. Hören kann ich sie schon, die großen Tiere des Filmgeschäfts, die da in Plüschkinosesseln fläzen: Produzenten, Redakteure, Regisseure. Pitching nennt sich diese Art von Veranstaltung: Ich kriege fünf Minuten Zeit, sie davon zu überzeugen, ihr Geld in meinen Film zu stecken, oder wenigstens eine Visitenkarte rauszurücken. Fünf Minuten, keine Sekunde länger. Große Tiere haben wenig Zeit. Angeblich auch wenig Geld, darüber jammern sie immer, aber das kann ich nicht glauben.

Als meine fünf Minuten anfangen, ist es unruhig im Saal, die Tiere tuscheln, kramen in Taschen, tippen auf Handys, haben Wichtigeres zu tun. Ich möchte Pitching in Schwitzing umbenennen.

Ich schleiche mich in meinen Vortrag ein: Es gebe Menschen, erzähle ich, die tun sich schwer, einen Partner zu finden. Die leiden darunter. Das kann alle Sorten von Mensch betreffen: Männer und Frauen, Dicke und Dünne, Schöne und Hässliche, Alte und Junge. Den wenigsten unter ihnen kann man das direkt an der Nasenspitze ansehen. Wahrscheinlich, und dabei versuche ich ins Schwarze hinter dem Rampenlicht zu blicken, in der Hoffnung, dass sich dort jemand angesprochen fühlt, wahrscheinlich sitzt so jemand auch gerade hier im Kino. Rascheln und Tuscheln.

Dann der Satz, der mich schwitzen lässt.

»Ich will den Film über mich machen, denn ich bin einer von ihnen. Ich hatte noch nie eine Freundin, ich habe noch nie geküsst, und, das können Sie sich jetzt zwar selber denken, aber vorsichtshalber sage ich es mal dazu, ich hatte auch noch nie Sex.«

Stille im Produzentenwald. Die Aufmerksamkeit der großen Tiere hab ich. Ich kann hören, wie einer die Luft anhält. Ein anderer lacht verlegen. Vielleicht wollten sie's so genau doch nicht wissen? Jetzt kann ich froh sein, im Dunkeln vor mir keine Gesichter zu erkennen. Schnell rede ich weiter, ziehe einen halben Scherz aus der Tasche, die Leute dürfen lachen und sich wieder entspannen …

Nachher kommen viele von ihnen zu mir, klopfen mir auf die Schultern, stecken mir jovial Visitenkärtchen zu, auf die sie großzügig Durchwahlen kritzeln, ich solle nächste Woche mal anrufen. Tolle Idee übrigens, toi, toi, toi! damit, unbedingt solle ich diesen Film machen! Vor allem deswegen bin ich hergekommen, das wollte ich herausfinden: Reden die hinterher noch mit mir, oder ist denen die Sache so unangenehm, dass sie mich meiden? Neugier oder Fremdschämen? Kann ich vor völlig Fremden darüber sprechen, wie es ist, erwachsene Jungfrau zu sein – und werde immer noch ernst genommen?

Scheint so.

Geld hat übrigens keiner rausgerückt, die großen Tiere waren von der Gattung Geizvogel. Deshalb reicht es bloß für ein Sonderangebot, ich kaufe mir mit reichlich Rabatt eine Urlaubskamera der Marke Sony. Sie ist handlich, leicht und völlig unscheinbar, ein graubraunes Bienchen aus Plastik. Man kann sie nur an- und ausschalten, den Rest, Schärfe, Blende und Tonpegel, regelt sie fast von allein. Jeder Filmemacher, der was auf sich hält, würde so ein Ding verachten, aber meinem Vorhaben kommt dieses vollautomatische Plastikbienchen entgegen: Bestenfalls hält man mich damit für einen Touristen, schlimmstenfalls für einen Spanner, aber für einen Filmemacher: nie! So kann ich ungeniert und unerkannt arbeiten.

An meinem neunundzwanzigsten Geburtstag lege ich mit den Dreharbeiten los. Ab sofort wird alles aufgenommen, was mir in Sachen Liebe (und vor allem ihrer Abwesenheit) vor die Linse kommt, buchstäblich ein Jahr lang werde ich die Kamera immer und überall mit mir herumschleppen, bis zu meinem dreißigsten Geburtstag. Ich filme mein Leben mit ohne, meinen Alltag allein. Aufstehen, duschen, essen, auf dem Klo sitzen, im Internet surfen, masturbieren, schlafen. Da knutscht in der Ferne ein Paar? Kamera raus. Ein Biergespräch mit Kumpel schwenkt mal wieder auf das Thema Beziehung ein? Kamera raus. Nachts auf dem Heimweg sind noch ein paar einsame Fenster hell? Kamera raus. Ich frage nichts und niemanden um Erlaubnis, sondern filme, filme, filme.

Damit begehe ich die schlimmste Sünde des Filmemachers: Ich horte Material, ohne Plan und Ziel. Wie daraus ein Film werden soll? Ich hab nicht die geringste Ahnung. Aber vor und hinter der Kamera gleichzeitig stehen, als Regisseur mein eigener Protagonist sein, das ist gar nicht so einfach. Am Anfang zweifle ich überhaupt an meiner Tauglichkeit zum Protagonisten. Wird man mir das abnehmen, bin ich authentisch, wenigstens halbwegs? Damit ich nicht zu sehr in Versuchung gerate, als Schmierendarsteller meine eigene Tragödie zu inszenieren, verweigere ich mir jegliche Planung, will während des ganzen Jahres nichts vorbereiten oder absprechen, nichts wiederholen, kein Material sichten. Und noch eine Regel stelle ich mir selber auf: Nichts von dem, was ich während dieses Jahres mache, geschieht bloß für den Film.

Entfernte Bekannte sagen mir, das sei aber mutig, was ich da mache. Gute Freunde sagen, das sei ganz schön dumm. Ich kann mich bis heute nicht entscheiden, ob ich es nun dumm oder mutig finden soll. Das ist inzwischen aber auch egal. Für Zweifel ist es zu spät.

Und was sagt Mutti?

»Das wird ja ein trauriger Film!«

Ihr erster Satz. Dem noch einige vom Sofa aus folgen, es ist, als habe sich eine Schleuse geöffnet, als könne lang Aufgestautes endlich einmal abfließen. Natürlich hat sie sich ihre Gedanken um mich gemacht, sogar Sorgen, wie sie ganz offenherzig zugibt. Aber nicht alles, was sie mir zu sagen hat, ist schmeichelhaft. Sie findet nämlich, ich sei durchaus mit schuld an meiner Misere. Viel zu egoistisch sei ich immer gewesen, denke bei allem nur an mich.

Und was sage ich?

Ich hocke da, mit der Kamera auf dem Schoß, und kriege den Mund nicht auf. Wenig sage ich, fast nichts, ich fühle mich heillos überfordert. Hätte man diese Szene einer ZDF-Samstagabendschmonzette ins Drehbuch geschrieben, es wäre der dramaturgische Höhepunkt geworden, eine epische Aussprache zwischen Mutter und Sohn, unterlegt mit Geigenmusik, nichts wäre ungesagt geblieben, Tränen der Rührung und Freude hätten sich ergossen, und am Ende würden sich beide endlich in den

Armen liegen, große Versöhnung. Nichts davon passiert. Alles, wozu ich fähig bin, ist, hin und wieder ein »Meinste?« und ein »Warum?« einzuwerfen, mehr kommt mir nicht über die Lippen. In meiner verstockten Überforderung versuche ich auch noch zu allem Überfluss, die Kamera im Blick zu behalten, ich will das ja aufnehmen. Da hätte es sich mal lohnen können, sie wegzulegen, wirklich mal mit meiner Mutter zu reden, aber ich traue mich nicht. Ich verstecke mich hinter meiner Kamera vor dem Geist, den ich aus der Flasche gelassen habe.

Das Gespräch hat uns trotzdem gutgetan, da bin ich mir sicher. Was jahrelang wie Gewitterstimmung in der Luft lag, ist endlich ausgesprochen worden, einmal wenigstens. Seitdem atmet es sich für alle leichter, auch wenn wir vielleicht immer noch nicht die Redseligsten sind, was so private Dinge angeht. Vielleicht bin ja ich es, der nicht darüber reden kann?

Am Ende des Jahres hocke ich auf einem selbst eingebrockten Riesenberg Filmmaterial, grob geschätzt irgendwas zwischen 150 und 200 Stunden, genauer will ich es gar nicht wissen. Auf Videoband könnte man damit locker zweimal die Erde umwickeln, mit Schleifchen. Ich habe Glück, denn ich kann eine erstklassige Dokumentarfilm-Editorin dafür gewinnen, den Film mit mir zu schneiden. In der Abgeschiedenheit des Schneideraums und monatelanger Arbeit sichten wir erst, dabei darf ich das ganze Jahr noch einmal durchleben, inklusive Therapie, anschließend dampfen wir das Material ein, bis irgendwann wirklich so was wie ein Film sichtbar wird, mit Anfang, einer Handlung und sogar so einer Art Ende. Davon ist wahrscheinlich keiner so überrascht wie ich.

Vermutlich gibt es keinen zweiten Menschen auf Erden, der so viel von mir gesehen und so viel über mich erfahren hat wie Marion, die Cutterin.

Ein halbes Jahr später ist Premiere, auf einem Filmfestival in einer kleinen Stadt in Nordbayern, den Hofer Filmtagen. Der Kinosaal ist bis auf den letzten Platz ausverkauft. Meine Eltern sind da und Esther. Aber sie müssen ohne mich schauen, denn ruhig dasitzen, während mir 250 Leute beim Masturbieren zusehen, das halte ich doch nicht aus. Solange drinnen der Film läuft, tigere ich draußen vorm Eingang auf und ab, beruhige mich mit Atemübungen und inhaliere dabei den Duft fränkischer Bratwürstchen. Einatmen, ausatmen. Bis der Film um ist, habe ich locker zwei Würstchen veratmet.

Schließlich muss ich doch hinein. Das Licht geht an, ich stelle mich vor die Leinwand, 500 Augen mustern mich wie einen entfernten Verwandten, über den man schon viel Schlechtes gehört hat und dem man nun endlich einmal begegnet. Das ist er also! Immerhin, mir scheint, als gebe es mehr als Höflichkeitsapplaus. Dann werden Fragen gestellt. Ob ich inzwischen eine Freundin habe? Bedaure, nein. Was ich wirklich gewollt hätte, Freundin finden oder Film machen? Beides natürlich! Da mein Problem aber gerade darin besteht, keine Freundin zu finden, habe ich darüber den Film gemacht. Was ich gemacht hätte, falls ich mich während des Jahres doch verliebt hätte? Dann hätte der Film im besten Fall ein Happy End bekommen, schlimmstenfalls hätte ich mit der Filmerei aufgehört. Der Liebe hätte ich auf jeden Fall Vorfahrt gewährt. Ob denn das alles echt gewesen sei? Meine vermüllte Wohnung zum Beispiel, da habe ich doch sicher ein wenig nachgeholfen?

Nach der Premiere kommt der Film sogar noch richtig ins Kino, er läuft in einer Handvoll kleiner und kleinster Programmkinos von Hamburg bis Nürnberg. Für mich als Student grenzt das hart an Oscargewinn. Eine Woche lang darf ich landauf, landab durch Kinos tingeln. In Bielefeld kommen gut zehn Zuschauer, in Berlin über hundert. In Bonn sitzt der Komiker Wigald Boning mit in der Vorstellung und diskutiert hinterher angeregt mit.

Die besten Gespräche kommen zustande, wenn alles vorbei ist, wenn der Trubel nach einer Vorführung sich verzogen hat. Dann treten jene heran, die sich bis dahin im Hintergrund gehalten haben, die so lange geduldig warten, bis alle anderen ihre Fragen gestellt haben. Nach jeder Vorstellung geht das so. Zum Schluss stehen wir im kleinen Kreis beieinander, vielleicht drei, vielleicht fünf Leute, und stecken die Köpfe zusammen: Love Aliens unter sich. Fragen werden da weniger gestellt, diese Menschen haben eher das Bedürfnis, von sich zu erzählen, reden zu dürfen, ohne sich erklären oder rechtfertigen zu müssen. Ihr Vertrauen, und dass sie sich im Film offenbar wiedergefunden und verstanden gefühlt haben, ist mir das schönste Kompliment.

Auch die Medien werden aufmerksam. Eine erwachsene Jungfrau, die sich offen zu sich bekennt und ohne Hemmungen darüber Auskunft gibt: eine Sensation! Markus Lanz lädt mich ins ZDF zu »Markus Lanz« ein. Wieland Backes lädt mich in den SWR zum »Nachtcafé« ein. Die Frankfurter Allgemeine lädt mich bei Vapiano zum Mittagessen ein. So viele Einladungen, bloß weil einer etwas noch nicht gemacht hat!

Die besten Fragen bekomme ich in einer Kabarettsendung auf ZDFneo gestellt, einem Sender so weit hinten im Programm, dass sich nur selten ein Zuschauer dorthin verirrt. Der Moderator, ein Holländer, spricht eigentlich akzentfrei Deutsch, aber sobald die Kameras angehen, geht sein Deutsch aus, dann kann er nur noch in einem dicken Frau-Antje-Akzent sprechen, der in mir das Bedürfnis auslöst, ihn mal zu drücken.

Die schlechtesten Fragen kriege ich bei RTL gestellt. Die beiden Moderatoren der Morgensendung haben Zahnpastalächeln und lesen jede einzelne Silbe ab, weshalb sie nicht mich anschauen können, sondern knapp an mir vorbei auf den Monitor sehen. Im Fernsehen sieht man das natürlich nicht. Im Pausenraum von RTL steht ein Bücherregal mit Dostojewski und Kundera. Ich stelle mir Herrn Colgate beim Dostojewskilesen vor, verwerfe den Gedanken aber wieder.

Im Anschluss an solche Sendungen und Interviews kommt immer viel Post. Säckeweise, also in kleinen Säcken. Vor allem drei Arten von Post: erstens gute Ratschläge. Problemlos könnte ich inzwischen eine vollständige Enzyklopädie guter Ratschläge für die Partnersuche herausbringen, in fünf Bänden.

Zweitens Kuppelbriefe 45-jähriger Damen vom Lande, die da eine ganz liebe Freundin haben, dummerweise seit zehn Jahren geschieden, aber die würde so phantastisch zu mir passen, da seien sie sich ganz sicher. Mit Foto und Lebenslauf der Freundin, und mit einem frankierten Rückumschlag für meine Antwort, vorsichtshalber.

Und schließlich noch die Briefe und Mails anderer Love Aliens. Die über zehn Seiten ihren Kummer in die Tastatur hacken, von verpassten Gelegenheiten, Enttäuschungen, Verbitterung, Scham, von Ausflüchten und Süchten, von düsteren Gedanken.

Wie die Mail eines Managers, großes deutsches Unternehmen, mit vollem Namen und Signatur. Er sei inzwischen weit über 50, habe aber immer noch nicht einmal die Hand einer Frau gehalten, geschweige denn mehr. Bis heute könne er sich nicht ans Alleinsein gewöhnen und leide darunter wie ein Hund. Es werde nicht besser, im Gegenteil, eher werde es von Jahr zu Jahr schlimmer. Die Arbeit sei das Einzige, was ihn am Leben halte. Ob ich ihm etwas raten könne?

Solche Nachrichten überfordern mich. Ich soll Ratschläge geben, ausgerechnet ich? Ich bin ja selber nicht schlauer. Manchmal fällt mir wirklich nicht ein, was ich antworten soll, so gern ich auch helfen würde. Vielleicht ist es dann aber besser, gar nicht zu schreiben, als wenn ich noch anfange, kluge Ratschläge zu erteilen.

Dass mein kleiner Studienfilm so ein Echo auslöst, hätte ich mir jedenfalls nie träumen lassen. Aber das zeigt eben, dass wir darüber reden müssen.

GUTER RATSCHLAG
NR. 17

Veronika: »Du solltest mehr rausgehen. Wie willst du jemanden kennenlernen, wenn du immer nur zu Hause vor dem Computer hockst?«

RÜCKKEHR DER LANGEN NÄCHTE

Das Ende eines Abends. Ich bin zurück an meinem Schreibtisch, der Computer ist längst hochgefahren und wartet auf mich, die ganz normale Internetroutine vorm Schlafengehen, aber ich sitze nur da und schnuppere an meinen Fingern. Was sage ich schnuppern, ich inhaliere! Seit Minuten halte ich meine Hände wie zum Beten vors Gesicht gefaltet, und atme fingergefilterte Luft. Dieser Duft! Völlig unerwartet hat er mich erwischt, auf den war ich nicht gefasst.

Gerüche sollen ja besonders eng mit uns verdrahtet sein, habe ich mal gelesen, unvermittelt wie kaum sonst etwas können sie in uns einschlagen, können die tiefsten Erinnerungen wachrufen, bedürfen keiner Interpretation durch unseren Intellekt wie viele Bilder, Töne oder Wörter. Gerüche können über uns kommen, wie wenn uns einer von hinten ohne Vorwarnung umarmt. Oder uns mit der Keule eins überzieht.

Wonach riecht es?

Im Beschreiben von Gerüchen bin ich nicht gut. Das kann ich ebenso schlecht, wie wenn ich sagen soll, wonach ein Wein schmeckt. Für mich gibt es eigentlich nur zwei Sorten Wein: schmeckt oder schmeckt nicht, mehr Ausdifferenzierung darf man von mir nicht erwarten. Deswegen mag es nicht nach Wohlgeruch klingen, wenn ich sage: Meine Hände duften, als käme ich aus der Drogerie, Abteilung Damenparfüm, als hätte ich mir dort einmal das Regal entlang aus 15 Probeflakons hintereinander die Hände besprüht und verrieben. Dennoch riecht es phantastisch!

Plötzlich ist alles wieder da, jede einzelne Hand, die ich heute Abend gehalten habe. Rechte Damenhände lagen in meiner linken Hand, und zwar deutlich länger, als es jedes Händeschütteln erlauben würde. Das war neu für mich. Warme, kalte, trockene, feuchte, knochige und weiche Frauenhände, sie lagen patschig oder griffig oder fischig oder zaghaft in meiner.

Ich war bei meiner ersten Tanzstunde.

»Wie schön, dass ihr alle da seid! Stellt euch mal im Kreis auf!«

Maria ist die perfekte Lehrerin, niemand kann so liebenswürdig herumkommandieren wie sie. Sie, die Dompteuse, steht in der Mitte – und um sie herum stehen wir, die Tanzbären. Wir befinden uns in einem Kellersaal mit Parkettboden und Spiegelwand. Früher, hat Maria mir noch vor der Stunde verraten, soll an dieser Stelle eine Luststätte gewesen sein, mit Zwischenwänden aus Holz sei dieser Saal in Kabuffs unterteilt gewesen, ein Kellerbordell, ein Kabuff-Puff. Eine Dame und ein Bett pro Kabuff.

Heute herrschen hier andere Rhythmen. Step, Step, Triplestep: der Grundschritt. 30 Tanzschüler mühen sich nachzuahmen, was Maria vormacht, steppen in die Kreismitte und wieder retour. Und nicht auf die Füße schauen! Dann legt Maria ein Lied auf, wir steppen zu Musik. Das soll Tanzen sein? Wenn man mich fragt, erinnert es mich eher an Storchenballett.

Schon kommandiert Maria wieder: »Gut macht ihr das! Jetzt schnappt sich jeder Herr mal eine Dame. Ganz egal, nehmt einfach die nächste neben euch! Wir wechseln sowieso durch.«

Bei dieser Ansage flüchtet der erste Mann vom Parkett und ward nie wieder gesehen. Zwei sollen ihm bis zum Ende der Stunde noch folgen. Um ehrlich zu sein, auch ich spüre diesen Fluchtimpuls, aber noch bleibe ich. Eine Stunde muss ich diesem Tanzen schon geben, besser sogar zwei, sonst hätte ich mir den Versuch auch gleich sparen können. Nun also Paarhaltung. Wie Maria es vormacht, lege ich meinen rechten Arm um eine Frauenhüfte und halte in meiner linken Hand eine Frauenhand. Zu zweit sollen wir den Bounce finden, den wir doch nie verloren haben, das heißt: im Puls der Musik wippen. Anschließend sollen wir wieder in die Mitte steppen, diesmal eben mit Bounce und Tanzpartner an der Seite, oder wie Maria es nennt: mit Tanzsportgerät. Zwei Minuten lang geht das so, dann ist Partnerwechsel. Die Herren rücken im Uhrzeigersinn eine Position weiter im Kreis, und mein rechter Arm darf um eine neue Hüfte, um eine breite oder schlanke, eine alte oder junge, ich umfasse, was kommt. Und in meine linke Hand kommt eine neue Hand.

Step, Step, Triplestep.

15 Frauenhüften und 15 Frauenhände in einer einzigen Stunde: Rekord, so viel Anfassen war noch nie, das schaf-

fe ich sonst in einem ganzen Jahr nicht, Händeschütteln eingerechnet.

Dabei kann ich nicht tanzen. Mit dieser Lebenseinstellung habe ich es immerhin bis 30 gebracht. Konsequent habe ich schon in der zehnten Klasse den obligatorischen Schultanzkurs verweigert, mit Walzer, Foxtrott und Discofox, schon damals halte ich mich für einen hoffnungslosen Fall und Tanzidioten. Wenn ich mich später alle Jahre mal versehentlich in eine Disko verirre, verschmelze ich mit einer Ecke, nippe an einer 0,33-Liter-Becksflasche für sechs Euro plus Pfand und schaue den anderen zu. Ich bin Diskosteher. Unmusikalisch? Kein Taktgefühl? Daran sollte es nicht liegen, früher habe ich immerhin Schlagzeug gespielt und sogar in einer Musikschul-Bigband getrommelt. Nur wie ich mich ohne Trommelstöcke zu Musik bewegen soll, auch noch elegant oder sexy, das weiß ich nicht.

»Mach dich locker, schalt deinen Kopf aus, beweg dich einfach, lass alles raus, hör auf die Musik und was sie in dir auslöst, dann kommt das Tanzen ganz von allein«, sagen immer alle. Wirklich? Bei mir kommt da nichts. Wenn ich das versuche, ruft garantiert gleich einer den Krankenwagen, Verdacht auf epileptischen Anfall. Muss denn jeder tanzen können? Es geht doch auch so.

Erst Maria schafft es, mich zu missionieren, auf der Abschiedsfeier einer gemeinsamen Freundin. In der Küche sind Wein und Fingerfutter angerichtet, alles selbstgemacht. Was ich in Minuten aufesse, dafür muss die Gastgeberin drei Tage am Herd gestanden haben. Da ich keinen von den anderen Gästen kenne, halte ich lieber meine Stellung am Büfett, das hat sich als Partystrategie bewährt. Mit vollen Backen führe ich Und-was-machst-du-so-Gespräche mit jedem, der auf dem Weg zum Klo bei mir vorbeikommt. Maria erzählt mir von ihrer Doktorarbeit. Da die Gastgeberin aber alle ihrer 18 Doktorarbeitskollegen eingeladen hat, verrühren sich die Details in meinem Kopf zu einem Doktorarbeitseintopf. Wie freitags in der Mensa, da kann man in der Suppe auch alle Gerichte der Woche wiederfinden, wenn man Glück hat.

»Und sonst?«, stelle ich Maria die verlässlichste aller Folgefragen. »Tanzen«, sagt sie, »sonst nichts.« Gar nichts? Nein.

Vor drei Jahren habe sie damit angefangen, inzwischen tanze sie eigentlich nur noch, außer natürlich, wenn sie arbeitet. Sie gebe auch Tanzkurse in einem Verein. Wenn jedenfalls einer ihrer nicht-tanzenden Freunde sie noch treffen wolle, müsse der inzwischen irgendwohin mit zum Tanzen kommen, sonst wäre das schon schwierig.

Ist das nicht ein bisschen monohobbyistisch?, denke ich, sage es aber natürlich nicht. Nein, wie interessant!

Noch am Abend google ich nach diesem ominösen Tanz, von dem ich noch nie gehört habe. Immerhin kann ich ihn mir bis nach Hause merken. Maria hat mir nämlich erzählt, wie er zu seinem Namen gekommen sein soll. Auf einer rauschenden Ballnacht im New York der zwanziger Jahre sei ein Tänzer von einem Journalisten gefragt worden, was er da eigentlich tanze – just an dem Abend, als Charles Lindbergh als Erster solo und nonstop von New York nach Paris geflogen war. Die Schlagzeile des Tages lautete: »Lucky Lindy Hops the Atlantic.« Da der Tänzer nun aber lieber weitertanzen statt befragt werden wollte, beschied er dem Journalisten kurzerhand, auf dass dieser ihn hoffentlich in Ruhe lasse: Er tanze den Lindy Hop.

YouTube findet zu diesem Stichwort beeindruckende 237 000 Videos, die ersten paar schaue ich mir an. Was ich zu sehen bekomme, sind junge Menschen in alten Klamotten, sie tragen Kleider und Anzüge, die zur Zeit meiner seligen Großeltern modern gewesen sein müssen. Heute weiß ich, das ist nicht billiges Secondhand und keine Kostümierung, das nennt sich Vintage und kostet ein kleines Vermögen.

Zu Swingmusik und Big-Band-Nummern wirbeln sie sich gegenseitig durch die Luft. Das sieht so verspielt aus, dass es schon an Albernheit grenzt. Was mir am meisten gefällt: Allen Tänzern sitzt ein fettes Grinsen im Gesicht, ohne Ausnahme. Von allen Tänzen, die ich je gesehen habe, würde ich diesen noch am ehesten ausprobieren. Auch die Musik liegt mir, so was haben wir damals in der Big Band auch gespielt. Hatte Maria nicht gesagt, sie unterrichte? Noch am gleichen Abend maile ich ihr, ob ich schnuppern kommen könne. Nur bei den ein, zwei geplanten Probestunden bleibt es nicht. Es dauert ein klein wenig länger, bis ich herausfinde, was es mit diesem Tanzen auf sich hat.

Anderthalb Jahre später stehe ich an einem Sonntagabend in einer Kellerkneipe in Krakau, der berühmten Piwnica Pod Baranami. Aus allen Lautsprechern scheppert der Swing, im Halbdunkel des Kellergewölbes verknoten sich Leiber im Gleichtakt der Musik, die Kleider klitschnass wie aus dem Sommerregen, nur nicht frisch, sondern vor Schweiß. Die Luft ließe sich auswringen, so feucht ist sie. Eine Waschküche wippender Gestalten, die alle Hemmungen fahren lassen, die längst jeden Anstand und Abstand aufgegeben haben, als wollten sie der Nacht den Teufel oder Schlimmeres austreiben und das

Gespenst des Alltags um jeden Preis fernhalten, wenigstens diese Nacht noch. Dabei lauert der Alltag längst an der Schwelle zum Morgen.

Und ich? Stehe wieder in meiner Ecke: Der Diskosteher ist zurück. Eigentlich sollte ich auch tanzen, immerhin dürfte ich jede Frau hier auffordern, so läuft das im Swing: Jeder tanzt mit jedem, der Swingtanz kennt keine festen Paare. Nur ich traue mich nicht. Die Polen swingen so gekonnt, dass sie mich damit einschüchtern, dass ich mein eigenes Tanzbein lieber ruhen lasse, dass ich nichts anderes mag als am Rand stehen und zuschauen. Vier Tage Tanzfestival stecken mir in den Knochen und Füßen, das heißt: vier Tage Workshop, tagsüber neue Schritte und Figuren pauken, und vier Nächte Party und Durchtanzen bis zum Sonnenaufgang.

Zur großen Ballnacht waren wir tags zuvor in die alte Salzmine Wieliczka eingefahren, 120 Meter tief unter die Erde, in einen fußballfeldgroßen Saal aus Salz, mit einer Decke so hoch, dass ein Kirchturm hier reingepasst hätte, ein kleiner. Auf der Bühne swingte eine der besten polnischen Bigbands, und die Tänzer trugen prachtvolle Ballkleider und feine Stöffchen.

In der Kellerkneipe steuert ein Mädchen auf mich in meiner Ecke zu: Jadzia, wir kennen uns aus dem Workshop. Sie schnappt mich bei der Hand und zerrt mich hinter sich her auf die Tanzfläche. Vergeblich versuche ich, dagegenzuhalten, sie kümmert sich nicht darum. Ob ich will oder nicht, jetzt wird getanzt – schließlich ist heute der letzte Abend! Und da geschieht es. Auf einmal hört das Schrittezählen auf, mein verkrampftes Suchen von einer Figur zur nächsten ist zu Ende. Anderthalb Jahre nach meiner ersten Tanzstunde hebe ich meinen

Blick endlich von den Füßen zum Gesicht meiner Tanzpartnerin, die Füße kommen wundersamerweise auch allein dort unten klar, und dann – tanze ich. Ich tanze! Das Grinsen geht mir nicht mehr aus dem Gesicht.

Davon haben alle immer gesprochen …

Eigentlich hatte ich die Sache mit dem Weggehen für mich längst abgehakt. Dieses Partyleben, nächtelang feiern, an Laternen reihern und besoffen heimtrullern, das hat mich mit Mitte 20 schon angeödet. Was soll ich im Club, wenn ich nicht tanze? Unterhalten kann man sich dort nicht, zu laut. Betrinken geht auch nicht, zu teuer. Wenn es rappelvoll ist, dauert allein der Weg zum Klo eine halbe Stunde, und ich kann nie sicher sein, ob ich meine Freunde je wiederfinde.

Deswegen habe ich mich irgendwann den Diskos und Clubs verweigert, habe mich höchstens noch auf gemütliche Abende zu Hause eingelassen, mit Tatort, Brettspielen und Sushi selber rollen. Danach kann eigentlich nur noch die Rente kommen, dachte ich.

Aber kaum werde ich 30, geht alles wieder los. Wochenendenlang gehe ich aus, tanze mir die Füße wund und komme erst heim, wenn andere längst zur Arbeit fahren. Die Ödnis der Diskonächte ist fort und vergessen. Selbst wenn ich eine ganze Nacht lang kein einziges Gespräch führen sollte, kann es trotzdem eine wunderbare Nacht gewesen sein: Tanzen ist eben auch eine Sprache, wer braucht da noch Smalltalk. Bei manchen meiner neuen Freunde dauert es Monate, bis ich herausfinde, was sie eigentlich machen, außer tanzen. Was-machst-du-so spielt unter Lindyhoppern keine Rolle. Sogar München macht ein freundlicheres Gesicht: Endlich habe ich eine Nische gefunden, in die ich passe, wo ich mich wohlfühle, weil alle anderen mindestens genauso schräge Vögel sind wie ich. Und irgendwann sieht es in meinem Kalender so ähnlich aus wie in Marias: arbeiten und tanzen, sonst eigentlich nichts.

Eine Sache verblüfft mich bis heute immer wieder. Ganz egal ob im Tanzverein oder auf einem der internationalen Festivals und Workshops, zu denen ich in den nächsten Jahren kreuz und quer durch Europa reise: Überall erlebe ich das, fast könnte ich drauf wetten.

Unterrichtet wird immer im großen Kreis, wie bei meiner Schnupperstunde. Und alle paar Minuten wird gewechselt. Angenommen, wir sind insgesamt 40 Tänzer, dann habe ich nach einer Stunde mit allen 20 Frauen getanzt. Mit den meisten klappt es ganz gut. Dann gibt es immer eine oder zwei Frauen, mit denen will es überhaupt nicht klappen, jede Drehung geht daneben, dauernd stoßen wir zusammen oder treten uns auf die Füße.

Und eine gibt es: Wenn wir uns nur anfassen, passiert da schon was Magisches, das ist wie elektrisierend. Mit dieser Frau zu tanzen ist ein Traum! Dann kann es schon mal vorkommen, dass wir die Swing-Etikette des Durchwechselns vergessen und einen ganzen Abend nur miteinander tanzen.

Da hatte ich die längste Zeit gedacht, dass ich nie eine finde. Jetzt könnte ich mich fast jedes Mal auf der Tanzfläche verlieben. Dass es dann wirklich mal klappt, sollte eigentlich nur eine Frage der Zeit sein.

GUTER RATSCHLAG
NR. 18

Jana: »Warst du schon mal auf einer Ü30-Party? Da gibt es viele Frauen, die was Ernsthaftes suchen!«

VON KNOTEN UND ERSTEN MALEN

»Es wird nach einem happy end
im Film jewöhnlich abjeblendt.
Man sieht bloß noch in ihre Lippen
den Helden seinen Schnurrbart stippen –
da hat sie nun den Schentelmen.
Na, und denn –?«

Na, und denn. Was für eine Frage! Also bitte, lieber Tucholsky, bei dir klingt das beinahe, als sei so ein Happy End eine Selbstverständlichkeit. So weit muss man es überhaupt erst mal bringen! Kommt es denn noch dazu? Kommt es. Aber ganz anders als gedacht. Wir sind eben nicht im Film, das Leben schreibt zwar bekanntermaßen die besten Geschichten, hält sich dabei aber so gut wie nie an Drehbücher und Regieanweisungen …

Es gibt zwei Versionen, wie Lea und ich uns begegnet sind. Fragt man sie, so wird sie darauf bestehen, sie habe mich ausgesucht, nicht andersherum. Ich habe sie zwar zuerst gesehen, da bin ich mir sicher, gleich als sie hereinkommt in ihrem abendhimmelblauen Sommerkleid und den seltsam klobigen Schuhen. Als sie sich umblickt, als suche sie jemanden, aber ich glaube, sie fremdelt bloß zwischen den Lederhosen und Dirndln und Wadenwärmern und Gamsbärten, zwischen die sie überraschend geraten ist. Wie eine exotische Blume, die versehentlich auf einer Alpenalm wächst und sich plötzlich einer Herde Rindviecher gegenüber sieht. Wenn ich sie im Getümmel aus dem Blick verliere, muss ich nach ihr suchen, selbst wenn ich gerade mit einer anderen Frau tanze. Am Blau ihres Kleides finde ich sie schnell wieder. Die Orchidee behauptet sich, keinesfalls läuft sie Gefahr, unter die Hufe zu kommen, im Gegenteil: Sie blüht. Mit jeder Drehung beim Tanzen fliegt ihr Kleid hoch auf. Gar keine Frage, ob ich sie auffordern würde! Dann aber ist sie es, die neben mir auftaucht und mich um einen Tanz bittet. Insofern muss ich ihr recht geben, sie hat zuerst gefragt.

Wir tanzen über der Hölle: in der ersten Etage vom Münchner Hofbräuhaus. Unter uns, in der Bierschwemme im Erdgeschoss, die wirklich so heißt, führen Russen, Engländer, Sachsen und Japaner gerade Bierkrugkrieg, grapschen nach Dirndlhintern und zelebrieren das bayerische Brauchtum der Enthemmung. Eine Blaskapelle spielt dazu den Marsch der Volltrunkenheit. Das Oktoberfest hat gerade angefangen, und wenn das überhaupt möglich ist, so geht es in der Hölle noch enthemmter zu als sonst.

Bei uns ist davon nichts mitzukriegen. Zwar wimmelt es auch hier von Menschen, aber anders als in der Hölle wimmelt es überwiegend nüchtern und paarweise im Takt der Musik. Wer etwas auf sich hält, trägt Tracht. Als ich Lea hereinkommen sehe, stehe ich auf dem Gang zwischen zwei Sälen, von links und von rechts klingt in meine Ohren verschiedene, fast gegensätzliche Musik:

Polka von der einen Seite, Swingjazz von der anderen. Lange sollte man sich hier nicht aufhalten, wer weiß, was so eine Musikmischung bewirkt.

Im Polkasaal wirbeln sich bayerische Buben und Mädel durch den Raum, reihen sich hintereinander auf, haken sich unter, tauschen sich durch, und wieder von vorn. Im Swingsaal mischen sich Trachtenkostüme mit festlicher Abendgarderobe, hier pulst es im Takt zu Jazz aus der Konserve. Lea und ich gehören zu hundert Swingtänzern, die aus aller Welt zum Tanzwochenende nach München gereist sind, das zeitgleich mit dem ersten Oktoberfestwochenende stattfindet. Die Swingjazz-Polka in Lederhosen über der Hofbräuhaushölle ist unser Willkommensabend.

Meine Version unserer Geschichte fängt an, da ist das Wochenende fast schon wieder vorbei. Drei Tage Tanzen liegen hinter uns: nach dem Hofbräuhaus noch im Löwenbräu-Festzelt auf der Wiesn, im Hofgarten vor der Staatskanzlei, in einem einstigen Bordell an der Hansastraße, in einem Varietétheater am Rosenheimer Platz. Mit keiner hab ich mehr getanzt als mit Lea. Am Ende des letzten Abends frage ich sie, ob sie mit mir noch was trinken gehen wolle. Ein mutiger Vorschlag, dank Sperrstunde haben sonntagnachts in München so ziemlich alle Kneipen zu. Wir ziehen los Richtung S-Bahn, irgendwo am Sendlinger Tor könnte noch eine letzte Kneipe aufhaben. Es ist frostig draußen, der Herbst bläst zum Sturm auf und benimmt sich ungemütlich. Auf dem Weg zur Haltestelle vergräbt Lea ihre Hände tief in den Manteltaschen. Übermütig stecke ich meine rechte Hand mit in ihre linke Tasche, frage sie immerhin noch, ob ich das dürfe.

»Du machst es doch schon!«, sagt sie gespielt vorwurfsvoll, weiter sagt sie dazu nichts. Ich lasse meine Hand, wo sie ist, und so schlendern wir fast händchenhaltend in Richtung Ostbahnhof.

Dass heute noch ein Knoten platzen könnte, wäre mir nie in den Sinn gekommen.

Überhaupt, dieser verflixte Knoten! Was hatte sich da in mir verheddert? Sitzt denn irgendwo ein Knoten, falls ja, wo steckt er, und wie werde ich den los? Mein halbes Leben habe ich darüber nachgegrübelt. Hätte ich eine Knotenplatzprognose abgeben müssen, am ehesten hätte ich noch auf das erste Mal getippt. Als ich mit meiner Hand in Leas Tasche durch München spaziere, liegt das aber schon anderthalb Jahre zurück.

»Ich habe meinen Schlafsack vergessen.«

Sofias erster Satz, gleich als sie aus dem Fernbus gestiegen ist und ich sie zur Begrüßung kurz, aber schüchtern umarme. Aus Berlin ist sie nach Leipzig gekommen, eine strubbelhaarige Goldschmiedin mit dem hinreißendsten Lachen, das, einmal in Gang gekommen, wie eine Sommerlawine durch ihre Brust rollen kann. Diesem Lachen bin ich verfallen.

Vor zwei Wochen sind wir uns auf einer Geburtstagsfeier über den Weg gelaufen, in einer Kneipe. Gerade hatten wir uns beide zur Theke vorgekämpft und buhlten Seite an Seite um die Aufmerksamkeit des Barkeepers, damit wir ein Bier abkriegen, da drängelte sich von hinten einer zwischen uns, Malte, ein gemeinsamer Freund. Er war schon ordentlich angetrunken, legte Sofia seinen rechten und mir seinen linken Arm um die Schulter und zog uns zu sich heran, bis unsere drei Köpfe ganz dicht nebeneinander waren.

»Ihr zwei müsst unbedingt mal miteinander reden, ihr habt euch unglaublich viel zu erzählen!«, lallte Malte, verschwand wieder und ließ uns stehen.

Also versuchten wir es mit Smalltalk. Doch erst, als ich erwähnte, ich würde gar nicht mehr in München wohnen, ich sei gerade erst von hier weggezogen, da hatte ich ihre Aufmerksamkeit. Als ich dann noch Leipzig als neuen Wohnort erwähnte, fing unser Gespräch erst richtig an. Sofia stammt nämlich aus Bayern, wohnt aber schon seit Ewigkeiten in Berlin, einem Vorort von Leipzig, oder andersherum, je nachdem, von wo man schaut. Einem, der aus München wegzieht, gehört gleich ihre volle Sympathie.

Ein paar Wochen später, an einem sonnigen Mittwoch im Juni, kommt sie mich in Leipzig besuchen, einfach so. Sie ist der erste Gast in meiner neuen Wohnung. Mach dir keinen Kopf wegen des Schlafsacks, sage ich, du kannst meinen haben, überhaupt kein Problem.

Der Abend beginnt am Küchentisch. Weil ich kaum Möbel besitze und meine Wohnung noch fast leer ist, schlägt Sofia eine Fortsetzung auf der Matratze vor, wegen gemütlich. Wir ziehen mit unseren Rotweingläsern ins Schlafzimmer, lagern uns quer auf der Matratze, teilen uns eine Wolldecke und stellen die Beine an die Wand. Wir reden und trinken, trinken und reden, aber noch mit Anstands-Abstand. Der mit der Zeit immer kleiner wird, Sofia rückt und ruckelt näher, ich merke das, denke mir aber nichts. Nie bin ich einer Frau so entspannt so nah gewesen! Irgendwann ist der Abstand weg. Unsere Arme berühren sich, erst wie aus Versehen, aber wir lassen es zu, das Gespräch verebbt. Dann schon mehr Berührung, die Absicht ist nun nicht mehr zu leugnen, wir wenden uns einander zu, liegen Nase an Nase, dann ein Kuss. Unsere Lippen tasten sich behutsam ab, Sofia riecht nach Honig und schmeckt nach Zigaretten. Unbeholfen tätscheln meine Hände an ihr herum, bis sie sich eine davon schnappt und sie auf einer ihrer runderen Regionen platziert. Nun streichle ich ihr über Beine, Po und Brüste. Wie warm Sofia ist!

»Darf ich?«, fragt sie und fängt an, mich auszuziehen, ohne auf eine Antwort zu warten. Nicht für eine Sekunde hatte sie es auf Gästematratze und Schlafsack abgesehen, das kapiere ich nun auch.

Ein Weinglas fällt um, aber davon lassen wir uns nicht stören. Ich komme mir ungelenk vor, zum Glück nimmt Sofia die Sache weitestgehend in die Hand. Meine nackte Unterleibsanatomie ist mir anfangs peinlich, noch nie habe ich meine Erregung mit einer Frau geteilt, und auch von Sofias Körper fühle ich mich überfordert. Wie geht das, was muss ich tun? Doch schon sind wir mittendrin, und die ungewohnte Mechanik unserer Körper aus Bewegung, Wärme, Reibung und Atem nimmt mich völlig in Anspruch. Dennoch kann ich mir nicht helfen, ein Teil von mir (ist es das Love Alien?) schaut uns wie von außen zu und kann bloß denken: Das ist es nun? So ist das also? Auf diese Art aus der Nähe betrachtet, muss jeder Liebesakt unglaublich banal aussehen. Meine wichtigste Erkenntnis: Sex braucht Übung! Ich frage mich nur, ob Sofia wohl auch was davon hatte. Knoten ist an diesem Abend jedenfalls keiner geplatzt.

Inzwischen bin ich mit Lea auf dem Bahnsteig angekommen. Die nächste S-Bahn kommt erst in einer Viertelstunde, also setzen wir uns, Lea mit Blick auf die Gleise, ich mit Blick auf sie. Jedenfalls so gut das geht, denn zwischen unseren Sitzen ragen Gitterzäunchen empor, nur ein paar Zentimeter, aber doch hoch genug um zu verhindern, dass jemand die Bank zum Schlafen missbraucht – oder sich seiner Sitznachbarin zuwendet. Lea hat ihren Kopf nach vorn geneigt, wie ein Vorhang hängt ihr schwarzes Haar vor ihrem Gesicht. Wir reden Belanglosigkeiten, ich muss dabei ständig auf ihre Haare starren, die im Neonlicht seidig schimmern. Spüren möchte ich sie, es ist fast, als könnte ich gar nicht anders – wie von allein hebt sich meine Hand, und sachte, nur mit der Fingerspitze streiche ich durch diesen Vorhang, der gleich zurückfällt, als sei nichts gewesen. Lea schaut geradeaus. Noch mal streiche ich durch den Vorhang, lege beim dritten Mal eine Strähne hinter ihr Ohr, endlich kann ich ihr Gesicht sehen. Lea schaut immer noch geradeaus. Schließlich umfasse ich ihren Nacken, beuge mich vor und ziehe sie zugleich an mich heran, und irgendwann treffen meine Lippen auf ihre Wange.

Sie lässt es geschehen!

Eigentlich hatte ich die Suche nach dem Knoten aufgegeben. Vielleicht war da gar keiner, oder ich hatte ihn mir bloß eingebildet, ein Phantomknoten. Jetzt aber weiß ich, da war doch einer. Genau an dieser Stelle hat er gesessen, und im Moment des Kusses ist er mit einem Knall zerplatzt.

Es bleibt nicht beim Wangenkuss. Lea wendet sich doch vom Gleis ab und mir zu, unsere Beine verheddern sich dies- und jenseits sowie oberhalb des Haltestellensitzzäunchens, und wir verpassen folgerichtig unsere S-Bahn, und auch die nächste, und auch die letzte. Ein französischer Liebesfilm hätte ein Feuerwerk über uns gezündet und unsere Küsse in blaues, grünes und rotes Licht getaucht. Da hab ich all die Jahre S- und U-Bahn bloß zur Fortbewegung benutzt, und jetzt erst finde ich heraus, dass sich öffentlicher Personennahverkehr auch ganz anders verstehen lässt.

Lea muss ein Taxi nehmen. Als ich ihr dafür Geld geben will, reagiert sie wütend – später erzählt sie mir, da habe sie sich gefühlt, als hätte ich sie fürs Küssen bezahlen wollen. Ich kann zu meinem Schlafplatz laufen. Aber was sage ich laufen, ich fliege!

Das war sie, die eine Erfahrung, die mir gefehlt hat: dass es klappen kann, dass an mir alles dran und nichts falsch ist. Der Moment, der alles verändert, den ich so lange herbeigesehnt hatte, ohne zu wissen, wie er aussieht. Der Erfolg, den mir keiner nehmen kann, der ein für alle Mal klarstellt: Wolfram, das mit den Frauen kriegst du hin! Aber ich hatte doch vorher schon geküsst und geliebt, was war jetzt anders? Alles! Denn vorher war ich es nicht gewesen, der den Sprung gewagt hatte, und falls doch, dann viel zu halbherzig, zu zögerlich – deswegen war ich statt auf der anderen Seite immer im Graben gelandet und wurde von den Krokodilen gefressen.

Hätte ich nur diese eine Erfahrung zehn, fünfzehn Jahre eher gemacht: Nie wäre ich auf die Idee gekommen, dass da was nicht stimmt mit mir und den Frauen!

KAFFEE MIT LOVE ALIEN

Wie immer kommt Wolfram zu spät.

Wir sind in meiner alten Lieblingskneipe verabredet. Besser gesagt, in seiner Lieblingskneipe, dem Café Altschwabing, ungefähr in der Mitte der Schellingstraße. Alle Cocktails für 4,50 Euro (damals!) und der netteste Kneipenchef von ganz Schwabing, ein feingeistiger Türke mit schlohweißen Haaren, der Wolfram immer wie einen alten Kumpel begrüßt, mit Handschlag, thekenbreitem Lachen und »Wie geht es dir, mein Freund?« Noch ist nicht Cocktailzeit, um drei Uhr nachmittags steht das Edelstahlross unter Volldampf, es zischt aus allen Rohren und speit pausenlos italienischen Kaffee. Vor allem ältere Herrschaften bevölkern jetzt einzeln oder paarweise das Café, ein paar alte Weiber bestreiten Kaffeeklatsch zu Erdbeertorte mit Sahne, ein paar Altherren rascheln gewichtig mit der Zeitung. Ich setze mich in die Ecke, bestelle auch einen Kaffee und warte.

Wie man sich mit sich selbst verabreden kann?

Das war eigentlich ganz einfach. Ich habe mir an meine alte E-Mail-Adresse geschrieben, w.huke@aol.com, die habe ich noch bis ungefähr vor zehn Jahren benutzt.

Lieber Wolfram,
bitte wundere dich nicht über Nachricht von mir. Ich schreibe gerade an einem Buch über uns. Eigentlich vor allem über dich, das Thema kannst du dir sicher denken. Ich finde, du solltest auch selbst darin zu Wort kommen. Können wir uns treffen?
Viele Grüße aus der Zukunft
Ich

Das war Saras Idee, nicht meine. Sara ist meine allererste Leipziger Bekanntschaft und immer noch eine meiner liebsten, eine lebenskluge Chemiedoktorandin. Gleich nach meinem Umzug von München nach Leipzig haben wir uns kennengelernt, an meinem allerersten Leipziger Tanzabend. Da sie gerade ein nagelneues Kind hat, sehen wir uns zwar in letzter Zeit nur selten, aber als wir doch mal wieder spazieren gehen, klage ich ihr mein Leid.

»Ich weiß nicht, wie ich aufhören soll! Am Ende sollte irgendwas Kluges stehen, eine Einsicht, die man sich in den Kalender eintragen oder auf Facebook posten kann, oder noch besser, nachmachen. Man muss ein Buch doch schlauer zu- als aufklappen, damit es sich zu lesen gelohnt hat. Aber nun hab ich so viel über gute Ratschläge gemeckert, ich kann doch jetzt unmöglich anfangen, selber welche zu erteilen. Das nimmt mir doch im Leben keiner ab!«

Sara kann kein Problem erkennen. »Stell dir einfach vor, du könntest dir selber begegnen. Du triffst den Wolfram von, sagen wir mal, vor zehn Jahren. Du weißt doch am besten, wie du damals drauf warst. Was würdest du dir gern mitteilen, aus heutiger Sicht? Gib dir doch die

Ratschläge einfach selber, das wirst du wohl dürfen.« Die Idee gefällt mir sofort: Ich werde mir nicht bloß vorstellen, was ich meinem früheren Ich gern sagen würde. Ich sag es ihm tatsächlich!

Inzwischen ist Wolfram angekommen, mit zehn Minuten Verspätung hab ich ihn draußen vorbeiradeln sehen, auf seinem neuen dunkelblauen Trekkingrad mit der roten Klingel, eine gute Anschaffung, ich fahre es heute noch. Zwar ist er gleich wieder aus meinem Blick verschwunden, er muss erst abschließen – aber da ist er schon! Meine Nervosität macht einen Hüpfer.

Erst begrüßen sich Wirt und Wolfram, wie immer, dann steht er vor mir. Genau, wie ich ihn in Erinnerung habe. Graugrüne Jack-Wolfskin-Jacke, die gab es mal um Silvester rum im Schlussverkauf, Esther hat sie mit ausgesucht. Darunter der blaue Kapuzenpulli von Under Armour, von dieser Sorte besitze ich drei, die werd ich wohl in 20 Jahren noch tragen können, absolut unverwüstlich. Ich hab den heute extra mal nicht angezogen, Partnerlook wäre doch zu gruselig. Braune Cargohose mit vollgestopften Seitentaschen, links Handy, rechts Portemonnaie. Das bekannte, rundliche Gesicht, Wuschelhaare, Vierzehntagebart, unterm Pulli kugelt sich der Bauch noch ein bisschen mehr als bei mir. Wolfram ist verhalten skeptisch, das kann ich ihm ansehen. Er traut der Sache nicht.

Wir sind umständlich wie bei einer ersten Verabredung, da weiß man auch nie. Hand geben? Zu förmlich. Küsschen links rechts? Vielleicht zu aufdringlich.

»Ach, komm schon her«, sage ich und drücke ihn einfach, er lässt es über sich ergehen. Wir setzen uns einander gegenüber, Wolfram bestellt eine große Spezi. Er schwitzt.

Er mustert mich mit dem Münchner Blick, von oben nach unten: »Schick, schick!«, nickt er anerkennend. Dabei hab ich extra nicht übertrieben, ich bin ja heute noch alles andere als ein Modegockel, trage grauen Wollpulli und die karierte Hose. »Hast abgenommen«, stellt er fest, »aber so richtig schlank bist du immer noch nicht. Seit wann trinkst du Kaffee?«

Ich: »Ach, erst seit ich vor einem halben Jahr in Warschau ein Mädchen kennengelernt habe, Paulina, eine Barista, besser gesagt eine richtige Kaffeekünstlerin. Sie hat mich auf den Geschmack gebracht. Aber denk dir jetzt nichts, alles völlig harmlos, wir sind gute Freunde, Paulina ist verheiratet. Eigentlich ist das auch gar nicht wichtig. Sag mir lieber: Wie geht es dir?«

Wolfram seufzt. »Wie soll es schon gehen, wie immer – also nicht so besonders.« Nicht so besonders heißt in Wolframsprache hundsmiserabel. Hätte er »ganz gut« gesagt, müsste man das mit »phantastisch« übersetzen. »Aber das muss ich dir doch nicht erzählen. Du triffst dich doch nicht mit mir, damit ich dir erzähle, was du ohnehin schon weißt. Gegenvorschlag: Wie wäre es, wenn ich dir ein paar Fragen stelle?«

Ich lehne mich zurück. »Meinetwegen, schieß los!«

Wolfram: »Du schreibst ein Buch?«

Ich: »Ja, deswegen bin ich hier. Aber nicht nur das. Vorher hab ich auch schon einen Film gemacht, der lief sogar ein paarmal im Fernsehen. Alle wissen über mich Bescheid.«

»Aber …«, Wolfram stockt für einen Moment.« Hältst du das für eine gute Idee, so in aller Öffentlichkeit? Angenommen, jetzt googelt dich einer, und ich will gar nicht von einem Auftraggeber reden, sagen wir mal eine Frau, die du kennengelernt hast – die kann doch deine ganze Nichtbeziehungsgeschichte im Internet nachlesen. Das wirst du doch nie wieder los!«

Ich: »Klar hab ich mir das überlegt. Aber dann hab ich's einfach gemacht, allen Bedenken zum Trotz. Weißt du was? Es ist nichts passiert! Meine Freunde sind immer noch meine Freunde, mit der Familie ist alles ganz normal, keiner schaut mich komisch an, auf der Straße bin ich auch noch nie angesprochen worden. Wenn es Mails gab oder Briefe, dann waren die immer ausgesprochen freundlich. Und was Fremde denken, ist mir ohnehin ziemlich egal. Dir doch auch!«

»Hm«, macht Wolfram und denkt nach. »Hoffentlich ist das nicht zu direkt, aber bei dir darf ich ja wohl – hast du nun?«

Ich: »Eine Freundin? Also, eins mal vorweg, das finde ich nämlich wichtiger, ich hab gute Neuigkeiten für dich: Du wirst dein Problem überwinden, du kommst drüber hinweg! Das ist ja deine größte Sorge. Ich kann sagen, was das angeht, fühle ich mich heute überhaupt nicht mehr wie du, das ist endgültig vorbei und Vergangenheit! Und ja, Frauen gab es auch schon. Sogar mehr als eine. Ich werde jetzt aber nicht aufzählen, mit wem und wie oft. Ich habe sogar eine Freundin. Aber das wirst du alles selber herausfinden, ich will dir doch nicht die Freude verderben!«

Wolfram winkt ab. »Schon gut, behalt es für dich.« Er lehnt sich zurück, sieht jetzt aber doch ein bisschen entspannter aus.

Wolfram: »Willst du also sagen, ich muss erst einen Film über mich drehen und ein Buch schreiben, um dieses Problem aus der Welt zu schaffen? Es kann doch nicht jeder, der keine Freundin findet, gleich einen Film drehen!«

Da muss ich ihm recht geben. Ich erzähle Wolfram, was sich für mich durch den Film verändert hat. Dass das so nämlich gar nicht stimmt: Nicht der Film hat was verändert, wie sollte er auch, ein Film ist immer noch ein Film und keine Therapie – sondern das viele Drüberredenmüssen. Vorher hatte ich meine Kummerkörner jahrelang durch die Hirnmühle geleiert, immer und immer wieder, ohne sie auch nur ein Stückchen kleiner zu kriegen. Meine Sorgen habe ich höchstens mal vor guten Freunden ausgebreitet, wenn überhaupt. Aber nun musste ich sie plötzlich vor völlig Fremden zeigen und durchdiskutieren, und zwar dauernd. An der Filmhochschule, im Schneideraum, nach Kinovorführungen, irgendwann sogar in Fernseh-Talkshows und Interviews. Was mir am Anfang noch schlaflose Nächte bereitet hat, mit Unbekannten über so was Privates zu reden, daran habe ich mich irgendwann gewöhnt. Und je mehr ich darüber geredet hab, desto weniger hat die Hirnmühle zu mahlen bekommen – bis sie irgendwann stehen geblieben ist. Sie hat ihre Arbeit eingestellt. Das Problem war zwar noch vorhanden, aber es hat mich selber nicht mehr beschäftigt. Irgendwann war mal alles dazu gesagt.

Es hat sich zerredet!

Und drüber reden, offensiv an die Sache herangehen, das könnte eigentlich jeder. Da braucht es keine Öffentlichkeit. Vielleicht fängt man unter Freunden an, dann kann man den Kreis behutsam erweitern und auch vor anderen bei passender Gelegenheit zugeben: So steht es um mich, das bin ich, so geht es mir! Schrittchenweise aufhören mit dem Theaterspielen, dem So-tun-als-ob und dem Es-geht-mir-gut. Und man wird sehen: Die Welt geht nicht unter, die Freunde bleiben Freunde, und wenn nicht, waren sie keine. Und irgendwann, mit etwas Glück, verlieren die Sorgen ihre Überlebensgröße und schrumpfen auf ein menschliches Maß …

Ich: »Aber vielleicht ist nicht einmal das nötig. Vielleicht muss man nicht mal so offensiv drüber reden, wie ich das gemacht habe. Ohne die Schnapsidee mit dem Film hätte ich damit wohl auch nicht angefangen. Das ist ja auch nicht jedermanns Sache. Ich habe noch eine andere Idee, einen Lösungsansatz für Leute wie dich und mich, eigentlich egal ob mit oder ohne Vorerfahrung. Ganz praktisch und einfach, das kann jeder hinkriegen, egal wo. Es muss nicht mal was kosten. Willst du's hören?«

Wolfram: »Ich werd dich wohl nicht davon abhalten können.«

Ich: »Du wirst lachen, so einfach ist es. Essen, Singen, Tanzen. Das ist alles. Das machen Menschen nämlich schon immer, wenn sie Gemeinschaft suchen, überall, auf der ganzen Welt, ungefähr seit dem Pleistozän und in aller Herren Kulturen und Länder. Beim Essen, Singen und Tanzen kommen sie sich näher. Warum gibt es Geschäftsessen? Weil man sich schon ein Stückchen sympathischer ist, wenn man nur gemeinsam den Löffel zum Mund führt. Warum gibt es den Leichenschmaus? Weil es tröstet, gemeinsam zu futtern. Übers Essen kommst du anderen emotional näher, da musst du nicht mal viel reden, hast ja auch den Mund voll. Wer zusammen isst, der ist sich schon nicht mehr fremd. Oder Singen. Warum wird in allen Kirchen der Welt gesungen, warum darf auch die Oma schief und fröhlich mitquietschen? Weil Gesang uns die Herzen aufmacht, das geht durch und durch, wenn die Orgel losröhrt oder der Rhythmus loslegt und alle mitsingen. Singen kann jeder, von Schönsingen ist nicht die Rede. Oder Tanzen, das sollte sich schon von selbst erklären: Eine der Gelegenheiten, bei der du jemandem körperlich nahekommen darfst, sogar Anfassen ist erlaubt. Berührung, Körpergeruch, gemeinsam einen Rhythmus finden: Das ist schon eine eigene Sprache.

Essen, Singen, Tanzen. Kannst du auf jedem Kuhdorf machen, und in einer Stadt sowieso, das geht in Sachsen und in Bielefeld und in Honolulu. Such dir einen Chor, eine Tanzschule, einen Kochkurs, irgendwas, wo du dich wohlfühlst. Schon bist du unter Leuten. Probier dich aus, es gibt tausend Tanzarten, tausend Kochstile, tausend Musikrichtungen. Du verbringst mit anderen eine gute Zeit, lernst sie kennen – und dass du dabei auch Frauen näher kennenlernst, lässt sich gar nicht vermeiden! Ich würde sogar noch eins hinzufügen, nur spielt das heute für die meisten keine Rolle mehr: Beten, ich glaube das funktioniert ähnlich. Für wen das was ist. Ansonsten: Essen, Singen, Tanzen! Dagegen kannst du jede Dating-Plattform mit Partner-Algorithmus, jedes Blind- oder

Speeddating, jede Disko, jede Party in den Wind schießen!«

Ich hab mich ein bisschen in Fahrt geredet, das kann vorkommen, wenn mir was wichtig ist, und muss erst mal Luft holen. Wolfram wirkt nachdenklich. Hab ich ihn mit meinem Vortrag erschlagen?

»Und wenn man nicht tanzen kann?«, wendet er schließlich ein.

»Konnte ich doch auch nicht. Aber wenn Disko nichts für dich ist, dann probier was anderes aus. Kleiner Tipp: Swingtanzen! Für jeden gibt es die passende Nische, nur finden musst du sie selber, das kann dir keiner abnehmen. Irgendwo gibt es sie, die Auswahl ist groß genug. Irgendwo passt du rein. Und ich kann dir sagen: Es lohnt sich!«

Das Durchschnittsalter um uns herum im Café ist inzwischen um vierzig Jahre gesunken, die alten Herrschaften sind fort, an ihrer Stelle sitzen Studenten und Büroangestellte nach der Arbeit. Erste Biere werden serviert. Verstohlen schaue ich nach meiner Uhr – und kriege einen Schreck: Ich muss ja los, in einer halben Stunde fährt mein Zug zurück nach Leipzig! Denn länger bleiben, gar bei Wolfram übernachten, das wäre doch zu viel des Guten. Ich packe meinen Kram zusammen.

»Bevor du gehst, eine Sache wüsste ich doch noch gern: Hast du eigentlich je eine Antwort auf das Warum gefunden?«, fragt mich Wolfram. Ich kann ihm ansehen, wie sehr ihn das beschäftigt.

»Nein, habe ich nicht. Das Warum kann ich dir nicht beantworten, bis heute nicht. Mein bester Tipp wäre eine unglückliche Mischung aus Pech und Schüchternheit, die sich irgendwann verselbständigt hat. Selffulfilling Prophecy, das kennst du ja. Tut mir leid, eine klügere Antwort kann ich nicht bieten. Ich hab aufgehört, nach dem Warum zu suchen. Für mich ist die Frage wertlos. Was wäre anders, wenn ich es tatsächlich wüsste? Vielleicht gibt es gar keinen Grund, kein Warum. Versuch, weniger zu grübeln. Spring ins Leben, fang irgendwo an, und wenn du stolperst oder hinfällst, steh wieder auf oder kriech ein paar Meter. Mach dir keinen Kopf, wie du sein oder aussehen solltest. Du kannst nicht flirten? Egal, musst du vielleicht gar nicht. Können viele Frauen auch nicht. Eine Veränderung, äußerlich und innerlich, die kommt dann, wenn du einfach – anfängst zu machen.«

Und bevor ich noch sentimental werde, lege ich einen Geldschein auf den Tisch, mehr als genug für beide von uns, da sollte auch noch ein Cocktail drin sein, ich weiß ja, wie knapp Wolfram immer bei Kasse ist. Ohne ein weiteres Wort mache ich mich auf den Weg zum Bahnhof und lasse Wolfram im Café Altschwabing sitzen. Der kriegt das hin, da mache ich mir gar keine Sorgen mehr.

ICH DANKE ...

Annemarie, Katrin, Karin, Aline, Daniela, Allison, Sophie, Mirjam, Johanna, Britta, Steffi, Anja, Maria und Marion die Frauengespräche. Michael, Sebastian, Dennis, Stefan, Peter und Fabian die Männergespräche. René viele Kilometer in richtige Richtungen. Paulina den Kaffee. Friedemann viel mehr als die Liebe zu Robert Gernhardt. Und Eva, dass sie mich zuerst aufgefordert hat.

Allen, die aufs Finden und Endlichgefundenwerden hoffen: Verzagt bitte nicht, ihr seid es wert!

Tommy Jaud

Sean Brummel: Einen Scheiß muss ich

Das Manifest gegen das schlechte Gewissen

Band 03228

Müssen wir wirklich abnehmen, aufräumen und uns ökologisch korrekt verhalten? Vorwärtskommen im Job, zu allem eine Meinung haben und rausgehen, wenn die Sonne scheint?

»Nein!«, sagt US-Bestseller-Autor Sean Brummel alias Tommy Jaud (›Vollidiot‹, ›Hummeldumm‹), »einen Scheiß müssen wir! Die Leute sterben nicht, weil sie zu wenig Licht bekommen. Sie sterben, weil sie zu wenig Spaß haben.«

www.tommyjaud.de
www.einen-scheiß-muss-ich.de

fi 03228 / 1